职业教育·通用课程教材

"十二五"职业教育国家规划教材《道路工程制图》(第4版)配套用书

Daolu Gongcheng Zhitu Xitiji

道路工程制图习题集

(第4版)

曹雪梅　主　编

余冠男　副主编

刘松雪　主　审

人民交通出版社股份有限公司

北　京

内 容 提 要

本习题集是"十二五"职业教育国家规划教材《道路工程制图》(第4版)的配套用教材。全书共分三篇,与《道路工程制图》(第4版)教材各篇一一对应。

本习题集内容深度及顺序紧扣教材,选题适当、循序渐进、层次分明、重点突出;题量大、题型广,教师可根据不同专业和学时要求,按实际情况选用。为适应教学改革的需要,本习题集在保证学生掌握投影基本理论的基础上,更注重学生空间思维与解决问题能力的培养,加强了形体表达方面的内容,尽可能联系生产实际,以更加适合高职教育的需要。考虑到计算机绘图发展的趋势,修订后的第4版习题集缩减了手工绘图技能训练作业量,增加了读图训练作业量。

本习题集既可作为高等职业院校道路桥梁工程技术专业及相关专业教材,也可供从事道路工程设计与施工的有关工程人员学习参考。

本习题集配有59个动画资源,分别对具有代表性的重点习题进行了解答及分析,具体观看方法见封二的说明。

图书在版编目(CIP)数据

道路工程制图习题集/曹雪梅主编.—4版.—北
京:人民交通出版社股份有限公司,2021.1(2025.7重印)
　ISBN 978-7-114-16073-8

　Ⅰ.①道…　Ⅱ.①曹…　Ⅲ.①道路工程—工程制图—
高等职业教育—习题集　Ⅳ.①U412.5-44

　中国版本图书馆CIP数据核字(2020)第267942号

　　　职业教育·通用课程教材

书　　名:**道路工程制图习题集(第4版)**
著 作 者:曹雪梅
责任编辑:任雪莲
责任校对:孙国靖　龙 雪
责任印制:张 凯
出版发行:人民交通出版社股份有限公司
地　　址:(100011)北京市朝阳区安定门外外馆斜街3号
网　　址:http://www.ccpcl.com.cn
销售电话:(010)85285911
总 经 销:人民交通出版社股份有限公司发行部
经　　销:各地新华书店
印　　刷:北京市密东印刷有限公司
开　　本:787×1092　1/8
印　　张:13
字　　数:150千
版　　次:2002年6月　第1版
　　　　　2005年5月　第2版
　　　　　2012年9月　第3版
　　　　　2021年1月　第4版
印　　次:2025年7月　第4版　第7次印刷　总第53次印刷
书　　号:ISBN 978-7-114-16073-8
定　　价:38.00元
(有印刷、装订质量问题的图书由本公司负责调换)

第 4 版前言

本习题集为"十二五"职业教育国家规划教材《道路工程制图》(第4版)教材的配套用书。其内容深度及顺序紧扣教材,选题适当、循序渐进、层次分明、重点突出;题量大,题型广,教师可根据不同专业和学时要求,按实际情况选用。为适应教学改革的需要,本习题集在保证学生掌握投影基本理论的基础上,更注重学生空间思维与解决问题能力的培养,加强了形体表达方面的内容,尽可能联系生产实际,以更加适合高职教育的需要。考虑到计算机绘图发展的趋势,修订的第4版习题集缩减了手工绘图技能训练作业量,增加了读图训练作业量。**第4版习题集配有59个动画资源**,分别对具有代表性的重点习题进行了解答及分析,使学生对于作图步骤和方法更加明晰,使抽象的空间形体更具象。**本书资源采用二维码形式,扫码观看,具体方法见封二的说明。**

本习题集编写的指导思想是:

1. 力求把图示方法、制图标准和制图技能三者较好地结合起来。

2. 以帮助学生消化、巩固基础理论知识,训练基本技能为目的。

3. 使它成为教师的助手,利用习题中多种训练形式,启发、引导和培养学生的图学思维能力,通过作业训练学生的制图技能。

4. 遵循认知规律,在内容编排上,采取由浅入深、由易到难、由简到繁的原则。

5. 在各项训练中提示学生:先建立感性认识,充分理解题意和要求,善于利用已知条件,仔细观察、分析抽象的图形,再去寻求解题思路和方法,最后才能顺利完成作业。完成作业的过程,也是培养和训练学生发现问题、分析问题、解决问题、提升能力的过程。

6. 习题集编写以配套的教材篇章为框架,把基本概念和有关规定等知识点编成图形练习,使理论知识与实际运用有机地结合在一起。

本习题集由四川交通职业技术学院曹雪梅和余冠男在第三版的基础上共同修订而成,第一篇、第二篇第一章至第八章、作业指导由曹雪梅修订,第二篇第九章、第三篇由余冠男修订。全书由曹雪梅担任主编,余冠男担任副主编。本习题集由吉林交通职业技术学院刘松雪主审。特别感谢武晓丽老师对本习题集的悉心指导。

由于编者水平有限,书中缺点和错误在所难免,恳请读者批评指正。

编 者

2020 年 5 月

目　　录

道 路 工 程 制 图 桥 梁 平 立 剖 东 南 西 北 设 计 说 明 结 构 详 拱 台 涵 洞 护 坡 中 心 高 程 附 注 材 料 支 柱 块

专 业 制 造 审 核 比 例 日 期 墙 梁 板 柱 钢 筋 混 凝 土 门 窗 篷 姓 名 细 部 水 泥 沥 青 石 灰 砂 浆 填 挖 基 础 隧

0 1 2 3 4 5 6 7 8 9 A B C D E F G H I J K L 5 6 7 8 9 A B C D E F G H I J K L

M N O P Q R S T U V W X Y Z a s d f g h j k R S T U V W X Y Z a s d f g h j k

第一篇　制图基础	专业班级		姓　名		学　号		日　期		评　阅	

1-2　按 1:1 比例抄绘下列图样。

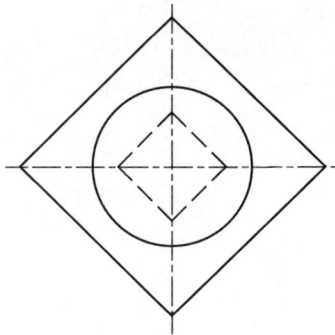

1-3　按 1:1 比例抄绘下列图样。（**配动画资源**）

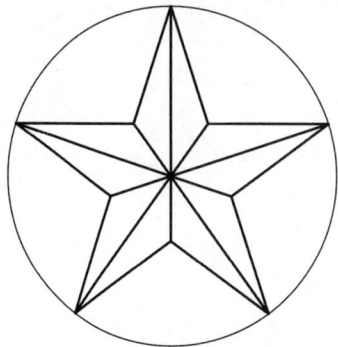

1-4　已知外接圆半径为 35mm，求作圆内接七边形。（**配动画资源**）

1-5　已知长轴为 60mm，短轴为 40mm，画椭圆。（**配动画资源**）

1-6　检查图中错误的尺寸标注。

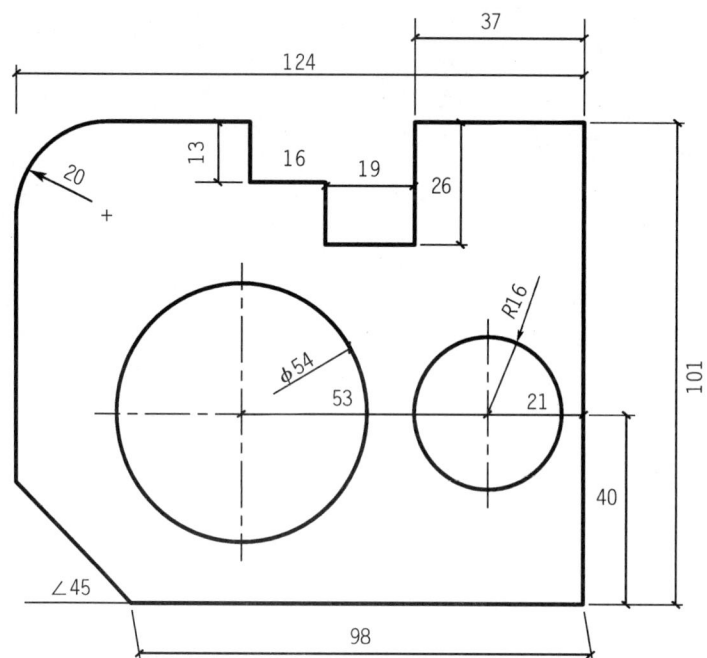

37
124
13
16
19
26
20
+
R16
φ54
53
21
101
40
∠45
98

1-7　按左侧图示尺寸，补画右侧图线。（**配动画资源**）

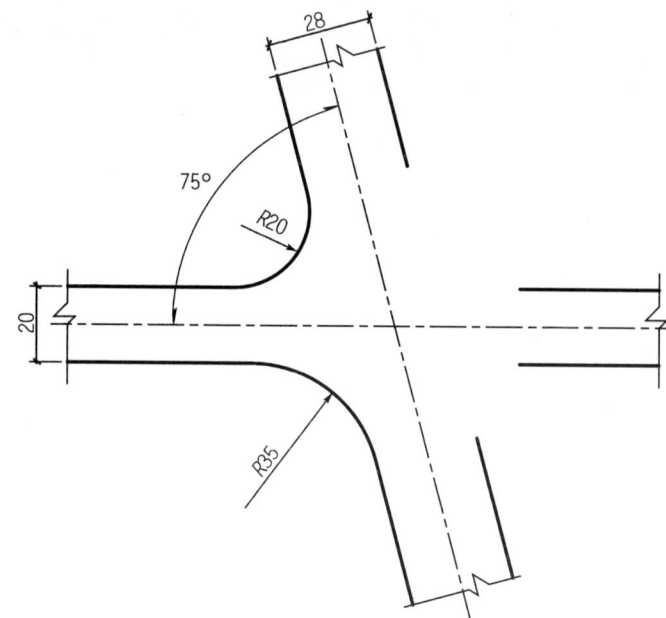

28
75°
R20
20
R35

第一篇　制图基础	专业班级	姓　名	学　号	日　期	评　阅

2-1　识图练习:根据投影图找出相应的立体图,并在下列括号内写出立体图的题号。

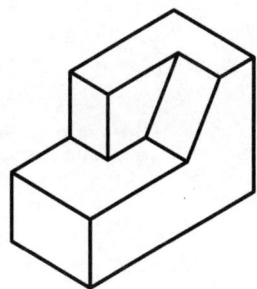
（1）

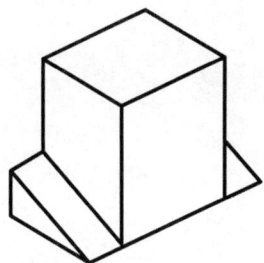
（2）

（3）

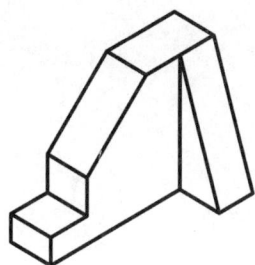
（4）

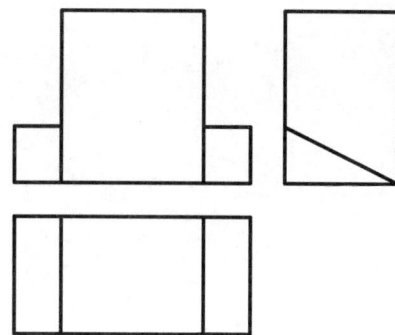
（　）

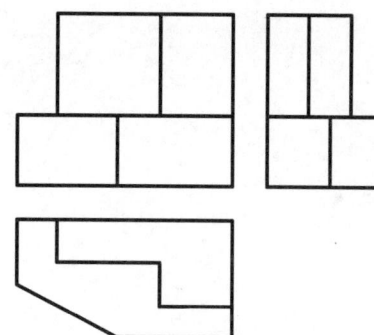
（　）

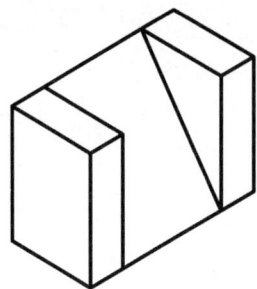
（5）

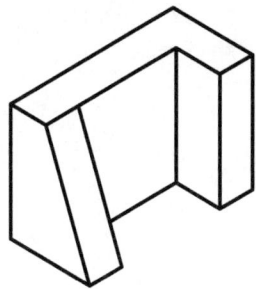
（6）

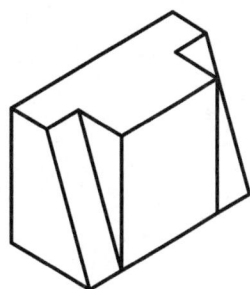
（7）

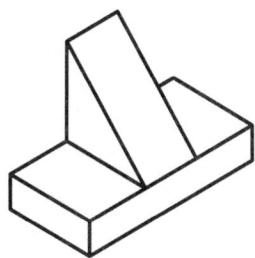
（8）

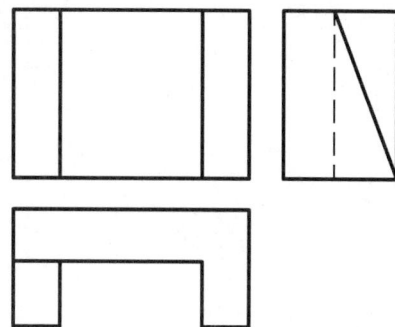
（　）

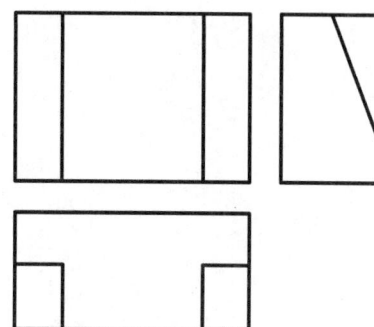
（　）

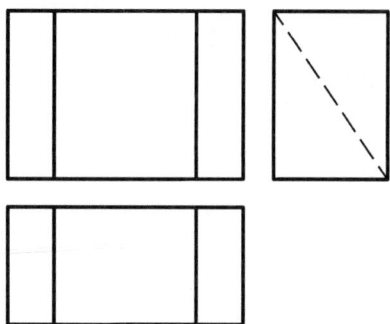
（　）

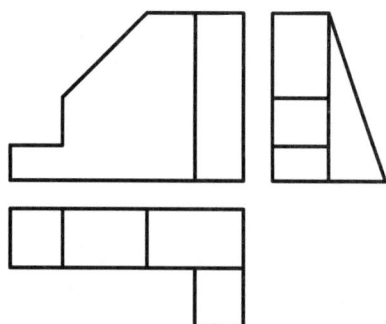
（　）

（　）

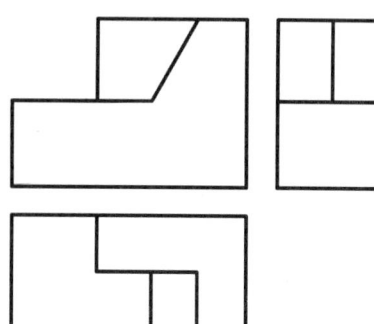
（　）

第二篇　画法几何	第一章　投影的基本知识	专业班级	姓　名	学　号	日　期	评　阅

2-2　根据形体的立体图和已知的投影图,补画形体的三面投影图。(配动画资源)

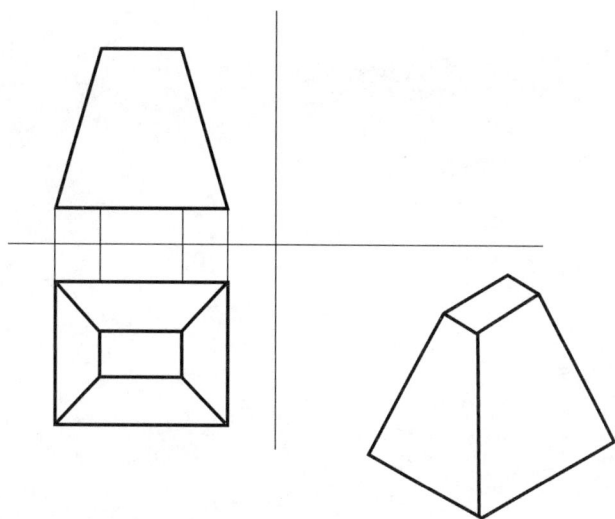

（1）

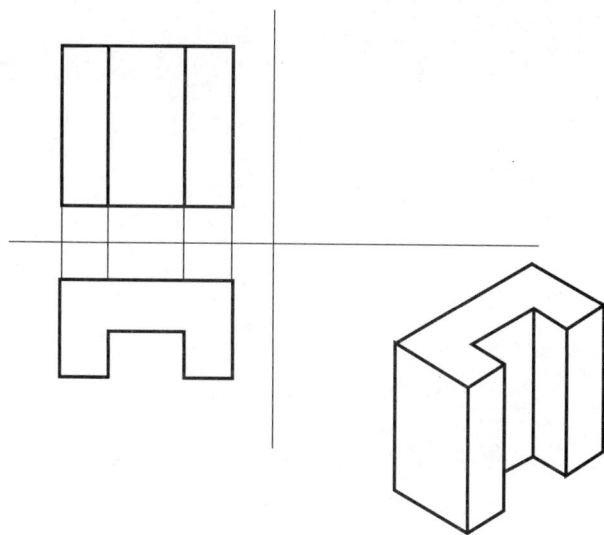

（2）

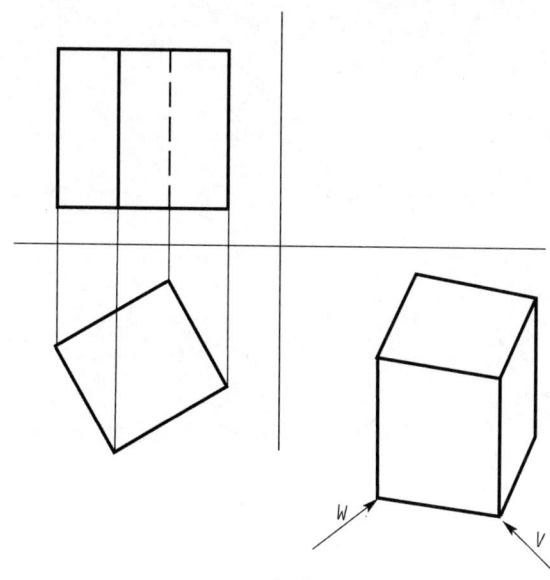

（3）

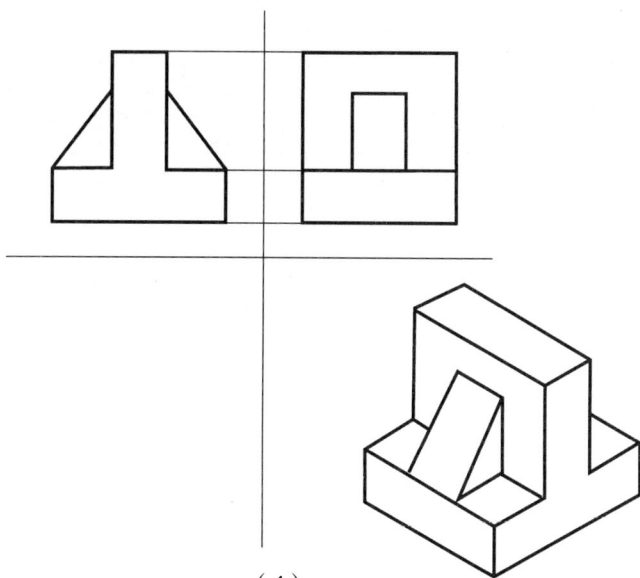

（4）

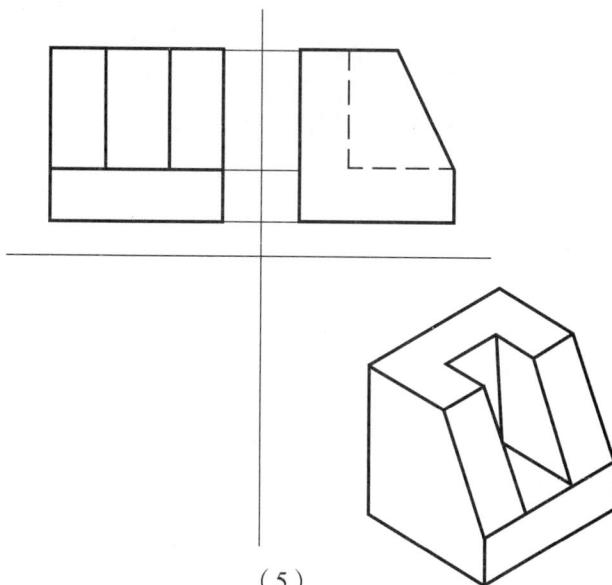

（5）

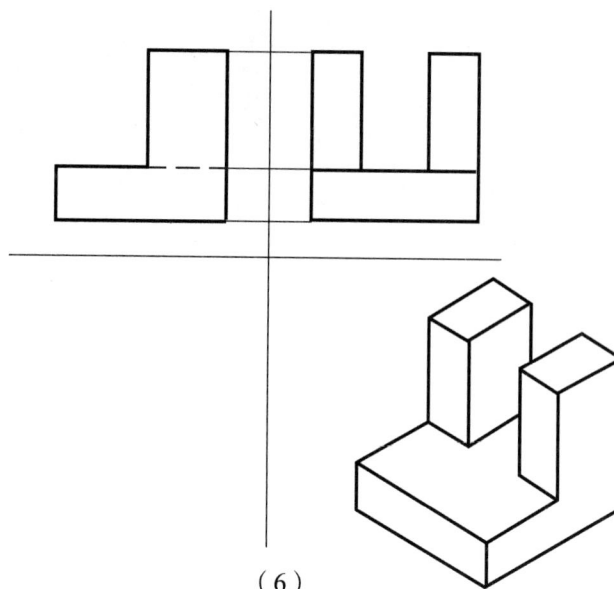

（6）

第二篇　画法几何	第一章　投影的基本知识	专业班级	姓　名	学　号	日　期	评　阅

2-3 根据形体的立体图,完成形体的三面投影图。(配动画资源)

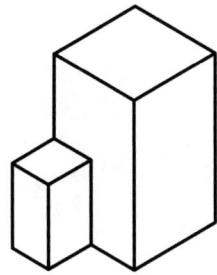

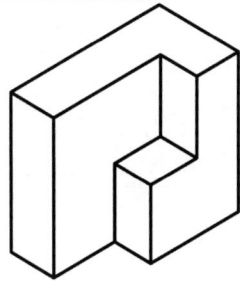

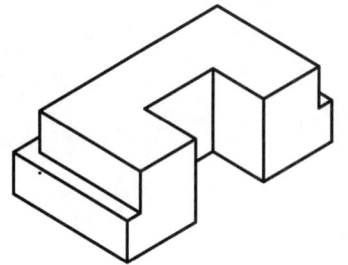

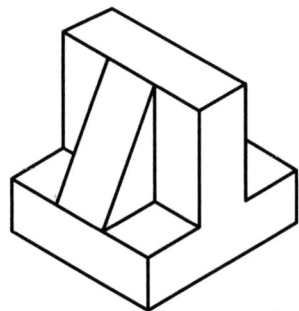

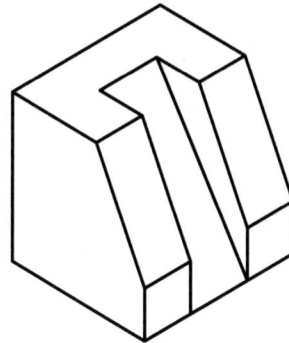

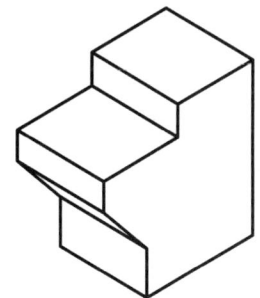

2-4 已知下列各点的两面投影,作其第三面投影。

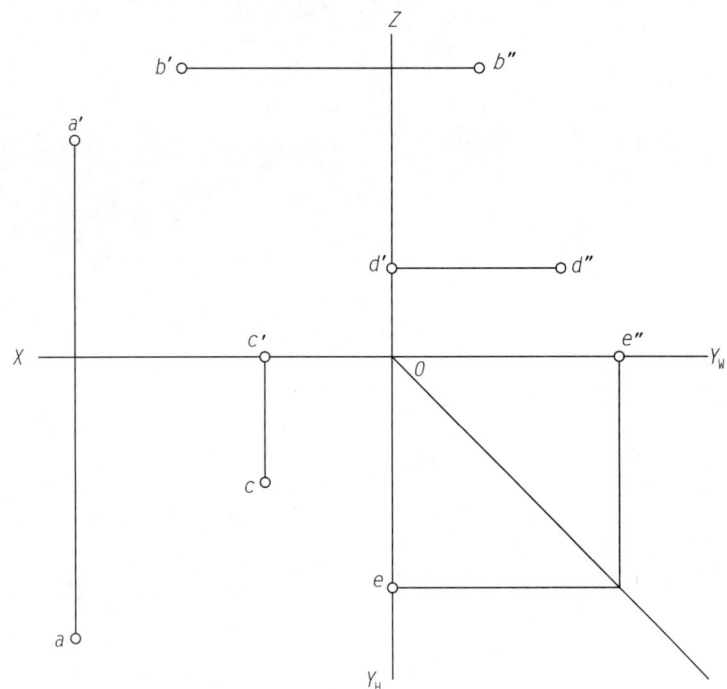

2-5 已知 A 点距离 H 面 10mm,距离 V 面 5mm,距离 W 面 10mm;B 点距离 H 面 0mm,距离 V 面 20mm,距离 W 面 0mm。求作 A、B 两点的三面投影。

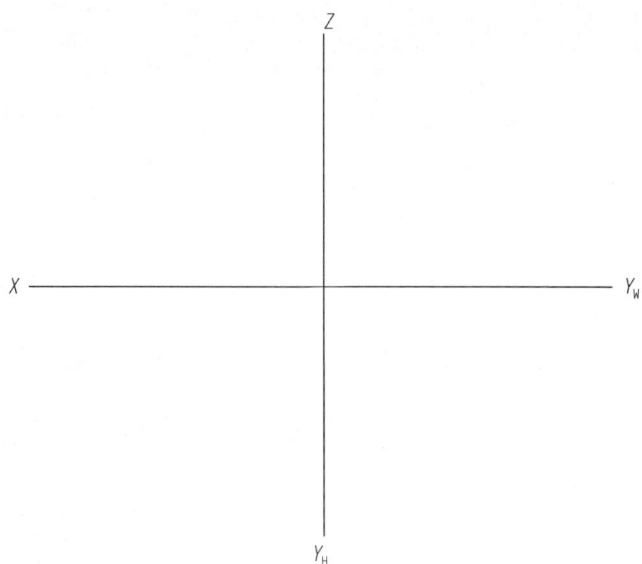

2-6 已知 A(25,20,15)、B(30,0,20),求作 A、B 两点的三面投影。(配动画资源)

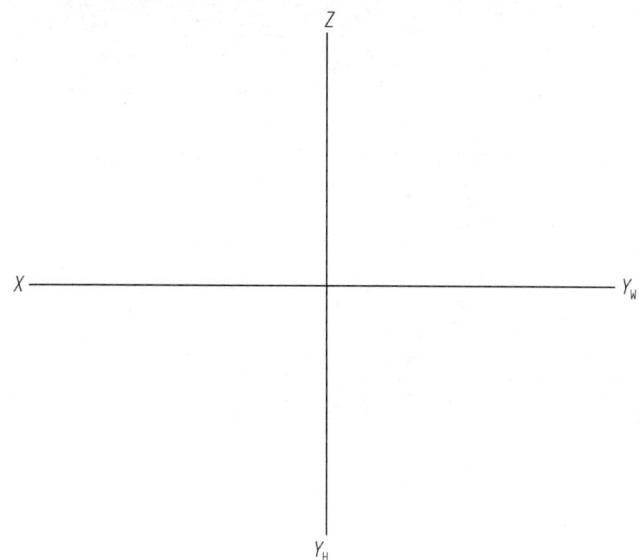

2-7 根据点的立体图,完成其三面投影图。

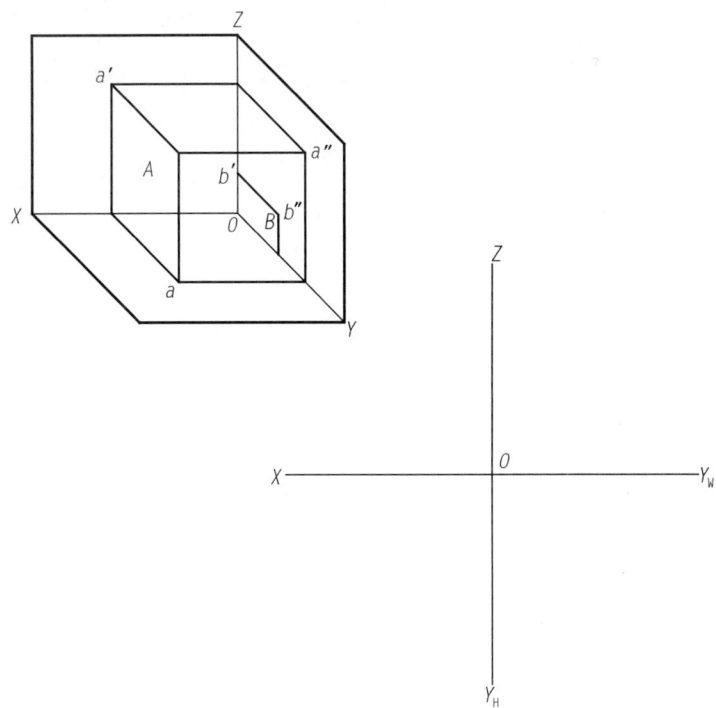

2-8 判断 A、B 两点的相对位置;判定重影点的可见性(不可见的点加括号)。

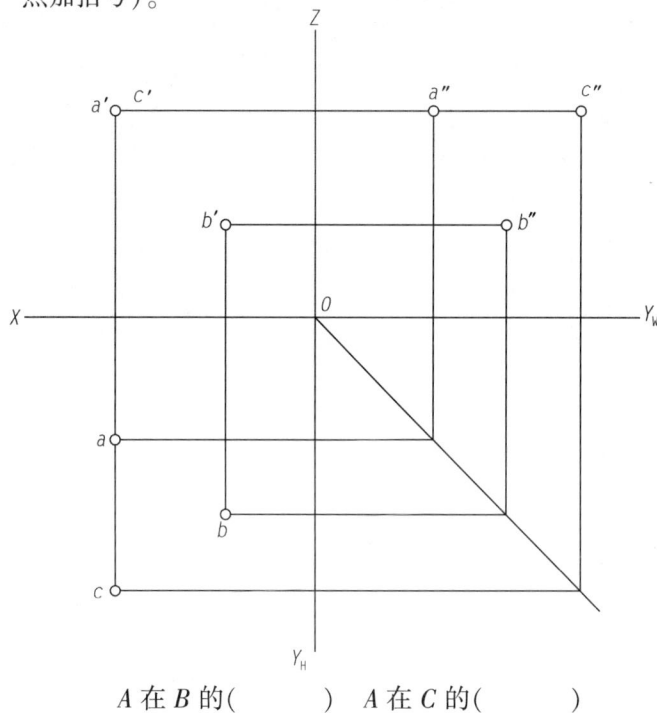

A 在 B 的(   ) A 在 C 的(   )

2-9 已知 A、B 两点同高,B 点在 A 点之右 25mm,A 点距 V 面的距离为 20mm,B 点距 V 面的距离为 10mm,求 A、B 两点的三面投影。(配动画资源)

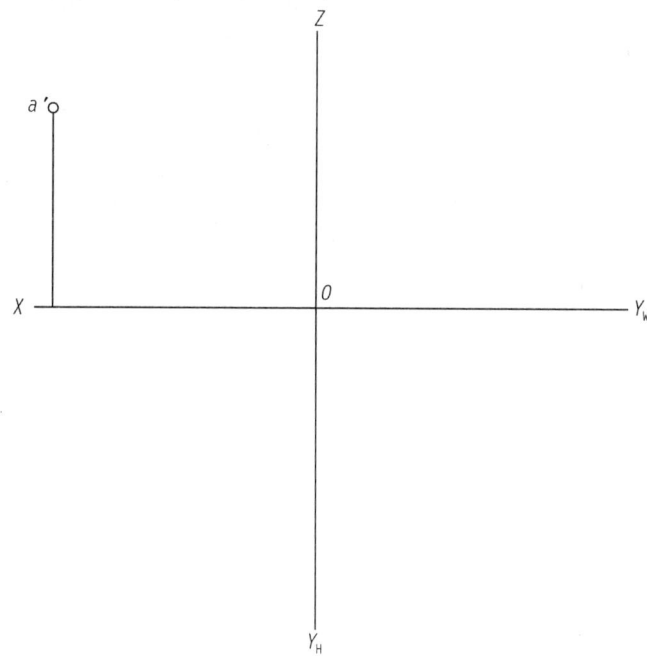

2-10 在物体的三面投影图中,标出直线 AB、CD、EF 的三面投影,并判断它们与投影面的相对位置。(配动画资源)

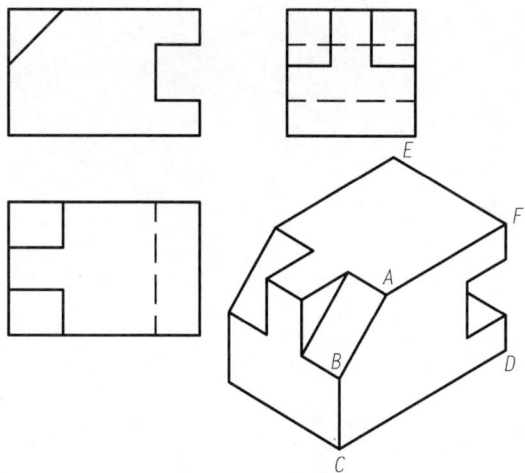

AB 是_____线;CD 是_____线;

EF 是_____线。

2-11 过 A 点作侧垂线 AB,AB 实长为 20mm,B 点在 A 点的左侧;过 C 点作正平线 CD,CD 实长为 25mm,D 点比 C 点高 15mm。

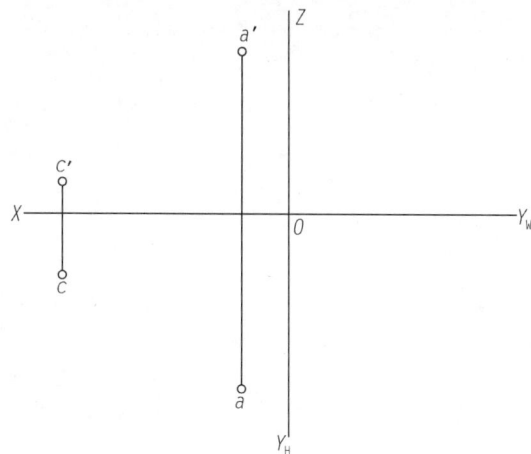

2-12 已知侧平线 AB 的实长为 20mm,AB 线与 H 面的倾角为 30°,B 点在 A 点后上方,求直线 AB 的三面投影。(配动画资源)

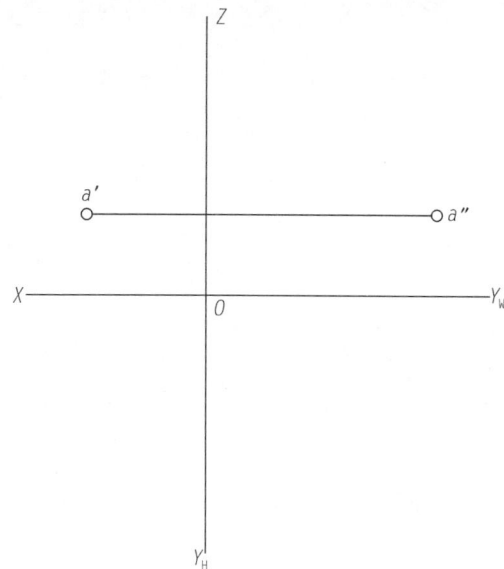

2-13 已知水平线 AB 的 H 面投影,且 AB 距 H 面 20mm,试补全 AB 的三面投影。

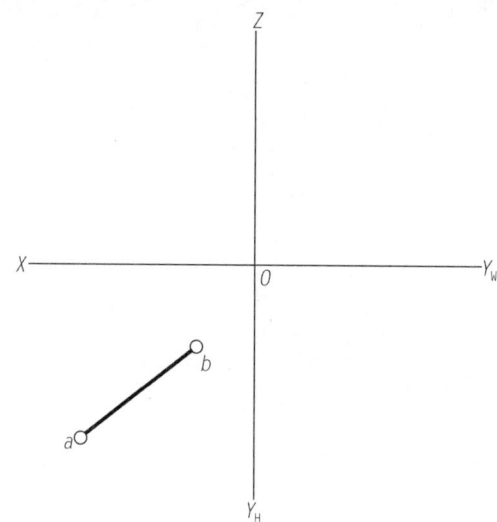

2-14 求直线 AB 的 W 面投影图,AB 直线是由右、后、上方的 A 点向_____、_____、_____方的 B 点倾斜的一条下行线。

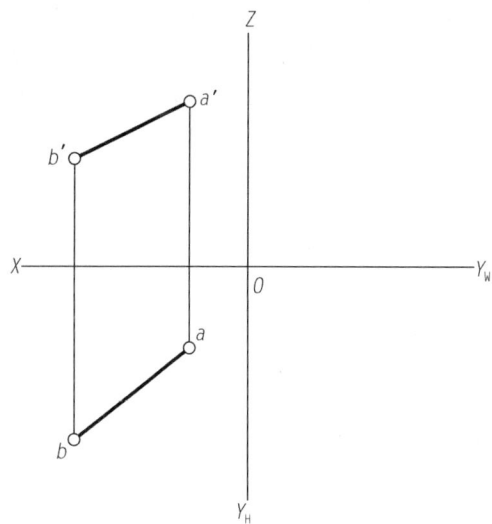

2-15 已知 C 点在 AB 直线上,AC = 20mm,求作 C 点的两面投影。

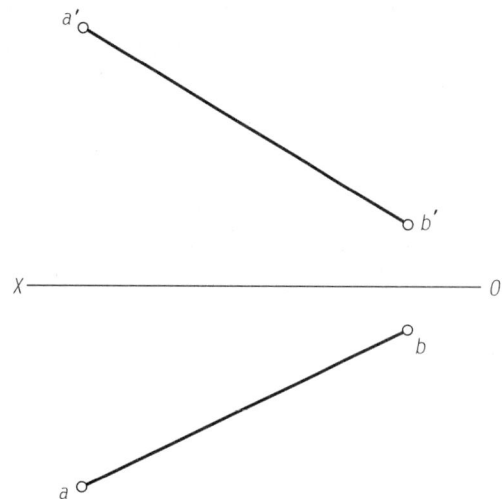

2-16 已知直线上 K 点的 V 面投影,试求 K 点的 H 面投影。

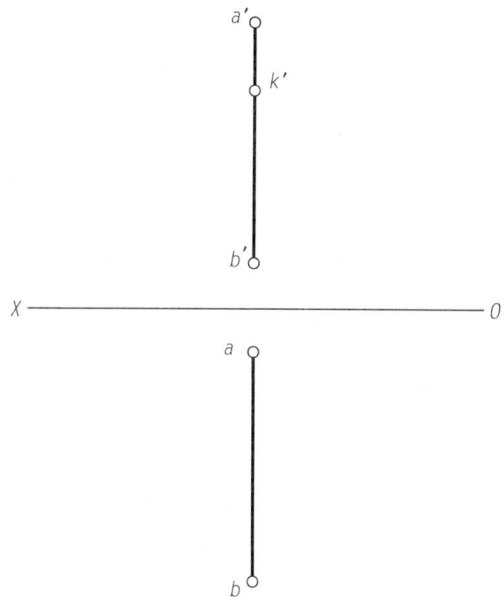

2-17 求三棱锥的 SA、SB、SC 棱线上的 1、2、3 三点的三面投影。(配动画资源)

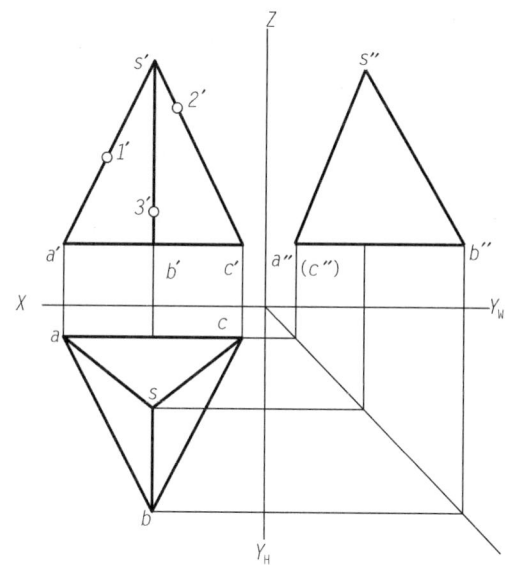

第二篇　画法几何	第二章　点的投影	专业班级		姓　名		学　号		日　期		评　阅	

7

2-18 已知 *AB//CD*,试补全 *CD* 的 *V* 面投影。

2-19 试判断两直线的相对位置。

AB 与 *CD* （　　　　）。

AB 与 *CD* （　　　　）。

AB 与 *CD* （　　　　）。

AB 与 *CD* （　　　　）。

2-20 指出两交叉直线的重影点,并判断其可见性(不可见的投影点加括号)。（ **配动画资源** ）

2-21 试过点 *A* 作直线与 *CD*、*EF* 相交。

2-22 试作一直线平行于 *EF*,且与 *AB*、*CD* 相交。

2-23 求点 *K* 到直线 *AB* 的距离。

2-24 求 *AB*、*CD* 两直线的公垂线。

第二篇　画法几何	第三章　直线的投影	专业班级	姓　名	学　号	日　期	评　阅

2-25 已知 $A(25,10,20)$、$B(16,28,15)$、$C(8,15,10)$，试完成 $\triangle ABC$ 的三面投影。(配动画资源)

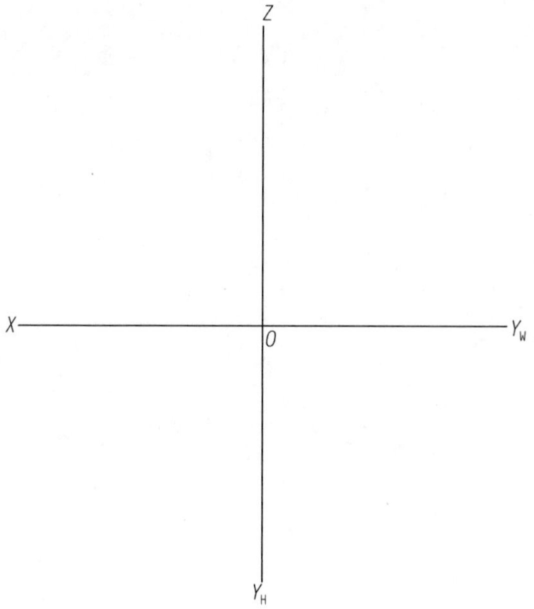

2-26 试完成题 2-25 中 $\triangle ABC$ 的立体图。(配动画资源)

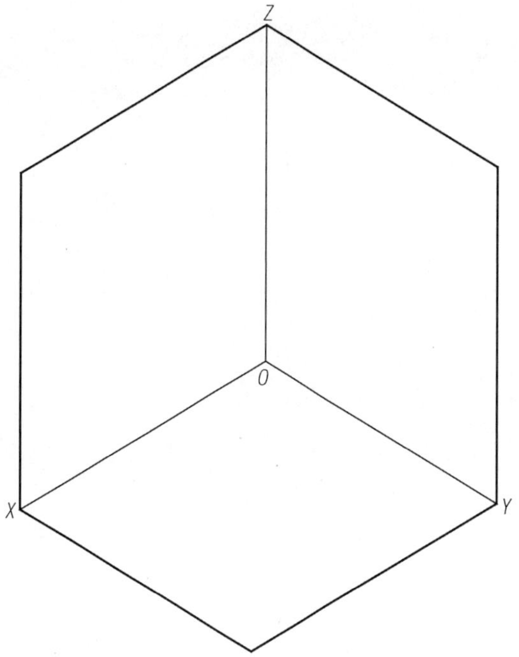

2-27 已知正平面距 V 面 15mm，试完成该平面的 H、W 面的投影。(配动画资源)

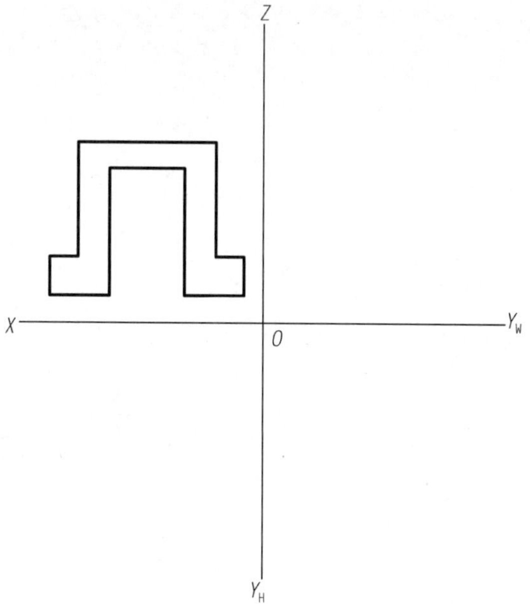

2-31 根据立体图，在三面投影图中，按 P 平面的形式标出指定平面的三投影，并指出平面相对投影面的位置。

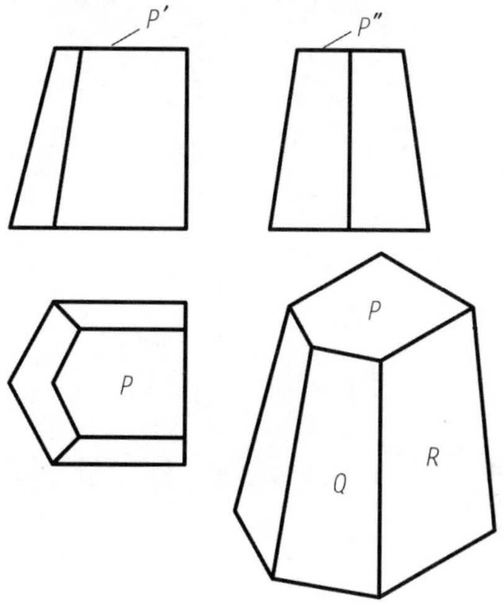

Q是_____；R是_____。

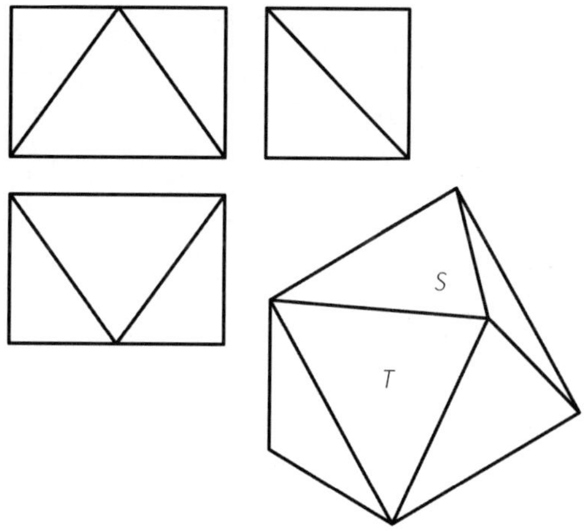

2-28 完成下图铅垂面的 W 面投影。(配动画资源)

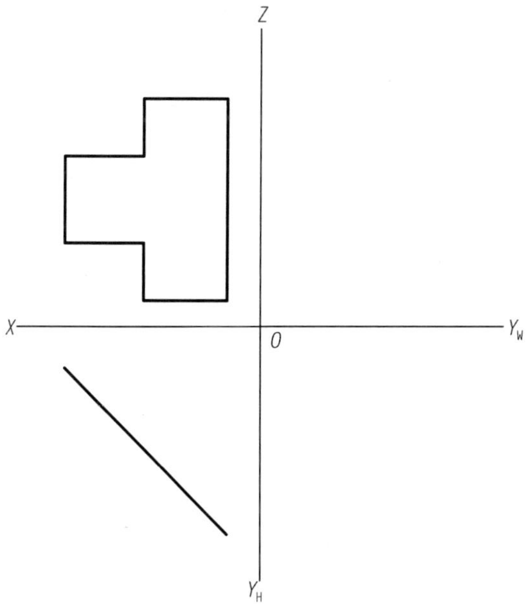

2-29 包含已知直线作投影面平行面和投影面垂直面。

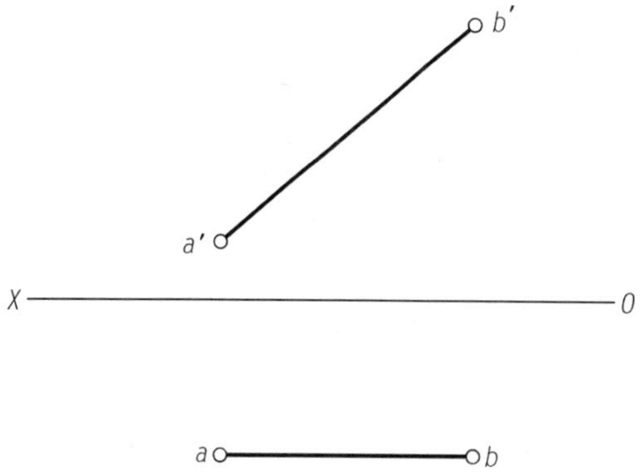

2-30 已知三角形的实形 ABC 及其 V 面投影，求作该三角形的 H 面投影。

实形：

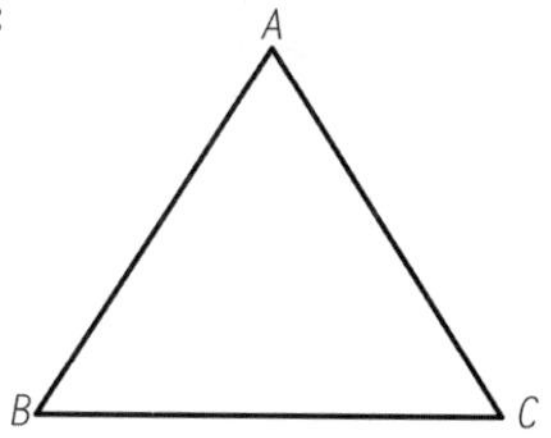

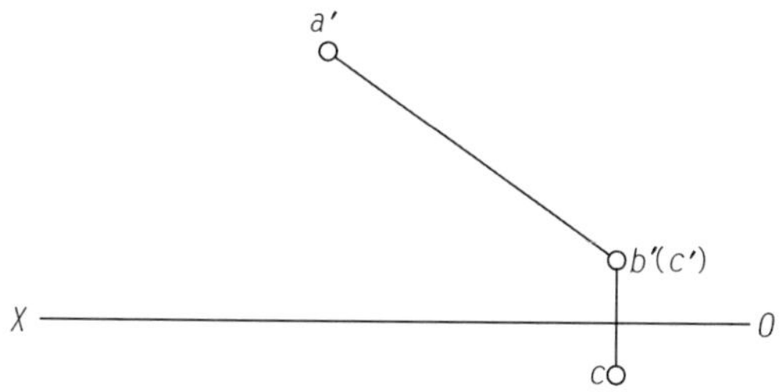

S是_____；T是_____。

第二篇　画法几何	第四章　平面的投影	专业班级	姓　名	学　号	日　期	评　阅

| 2-32 | 在△ABC 平面上过点 A 作一条正平线;过点 B 作一条水平线。 | 2-33 | 求 ABC 平面内 M、N 两点的另一投影。 | 2-34 | 在已知平面内作一点 K,要求 K 点距 V、H 投影面的距离分别为 19mm、14mm。 | 2-35 | 完成五边形的 V 面投影。 |

2-32　在△ABC 平面上过点 A 作一条正平线;过点 B 作一条水平线。

2-33　求 ABC 平面内 M、N 两点的另一投影。

2-34　在已知平面内作一点 K,要求 K 点距 V、H 投影面的距离分别为 19mm、14mm。

2-35　完成五边形的 V 面投影。

2-36　已知三棱锥表面 K、M、N 三点的 V 面投影分别为 k′、m′、n′,试求各点的 H 面、W 面投影。

2-37　过点 D 作水平线 DE,且 DE 要平行于平面 ABC。

2-38　过直线 AB 作平面,使之与直线 DE 平行。

2-39　过点 D 作平面,使之平行于平面 ABC。

| 第二篇　画法几何 | 第四章　平面的投影 | 专业班级 | 姓　名 | 学　号 | 日　期 | 评　阅 |

上交作业……请沿此线剪切……

10

2-40　求平面与直线的交点,并判别可见性。（配动画资源）

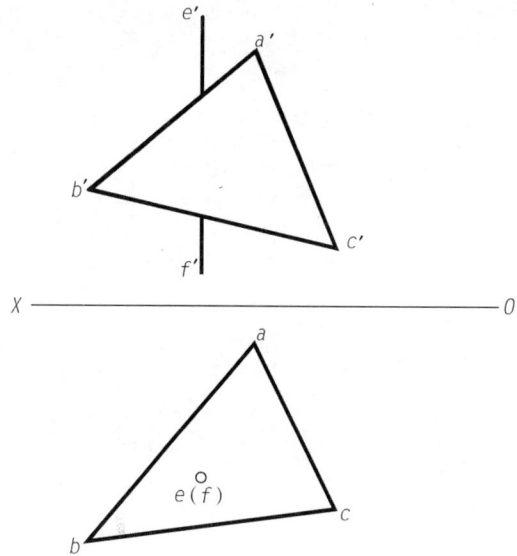

2-41　求直线与平面的交点,并判别可见性。（配动画资源）

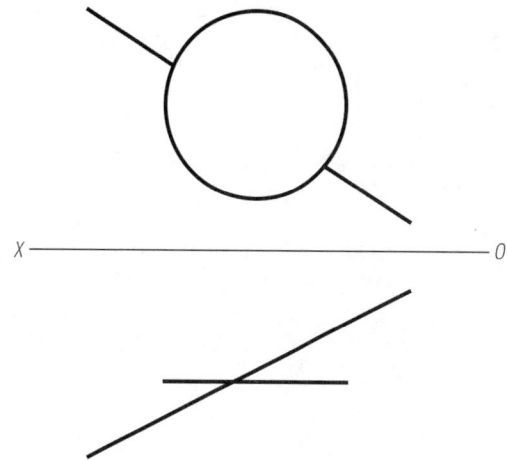

2-42　求下列两平面的交线,并判别可见性。（配动画资源）

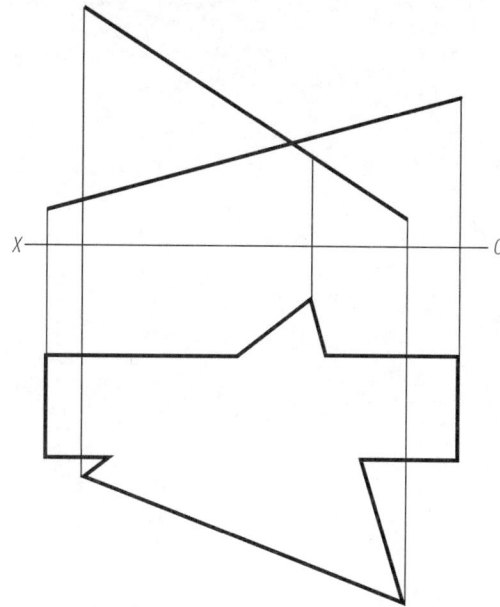

2-43　求直线与平面的交点,并判别可见性。（配动画资源）

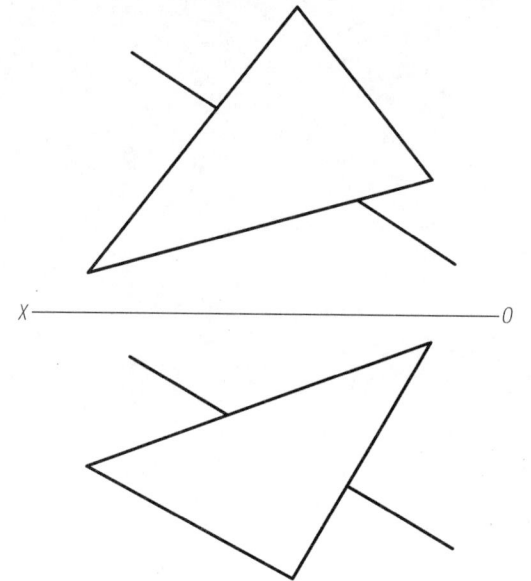

2-44　判断直线与平面是否平行。

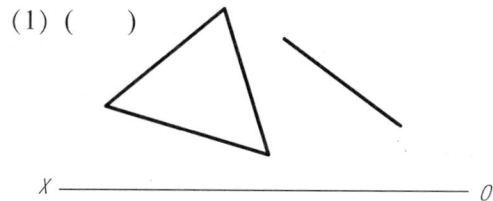

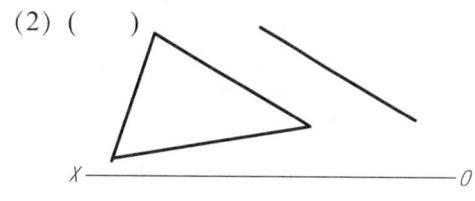

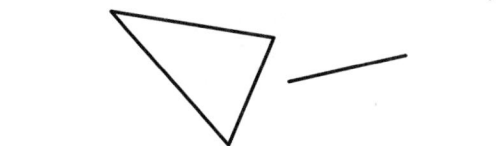

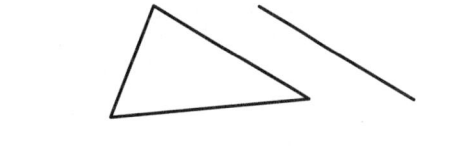

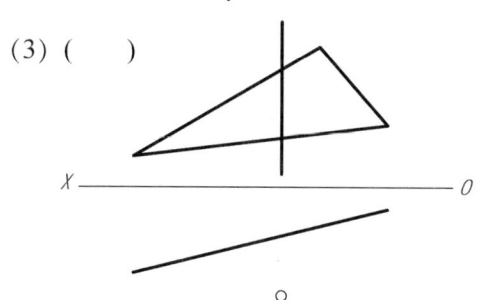

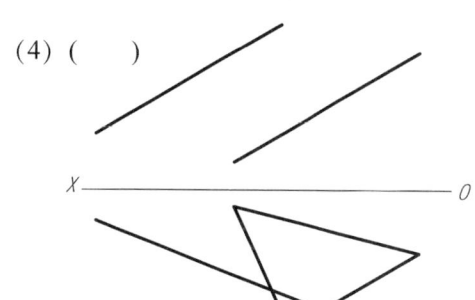

(1) (　　)

(2) (　　)

(3) (　　)

(4) (　　)

2-45　判断两平面是否平行。

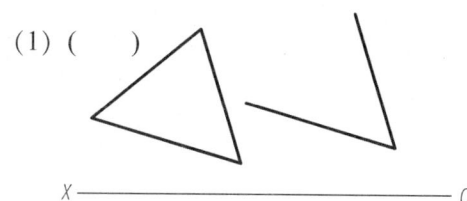

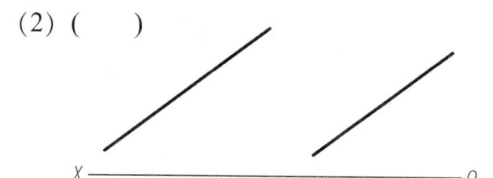

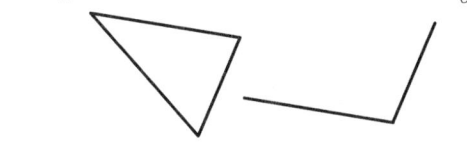

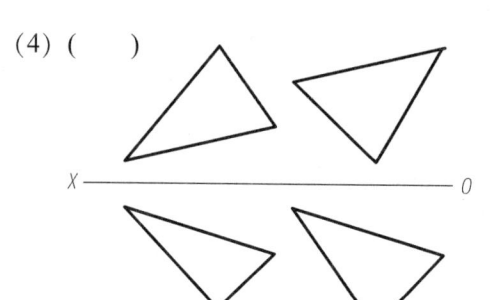

(1) (　　)

(2) (　　)

(3) (　　)

(4) (　　)

2-46　补全四棱柱及其表面上点的三面投影。

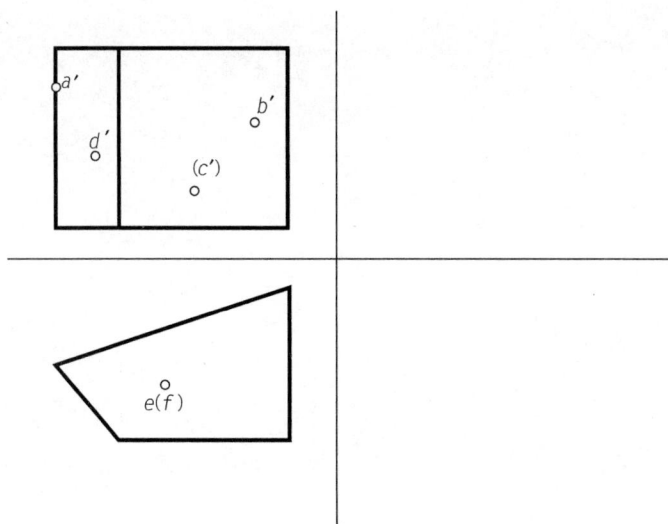

2-47　补全四棱锥及其表面上点的三面投影。

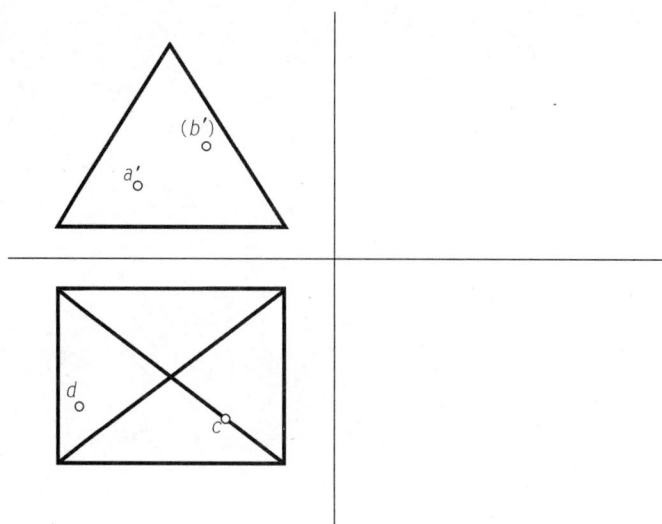

2-48　补全三棱锥及其表面上直线段 *AB*、*BC*、*CD* 的三面投影。

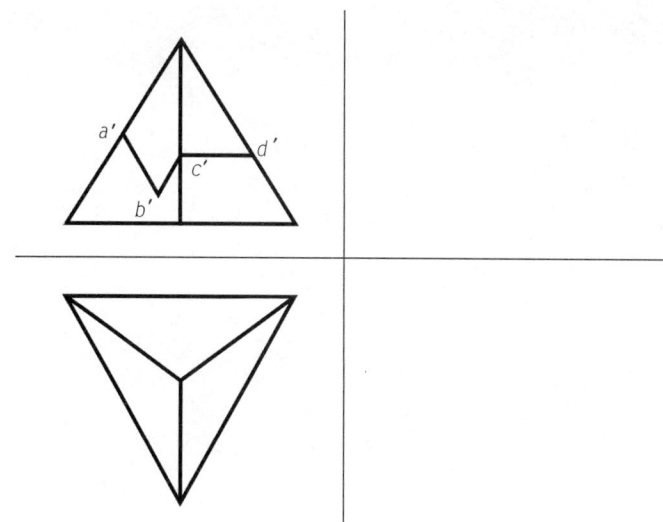

2-49　补全圆柱及其表面上点的三面投影。

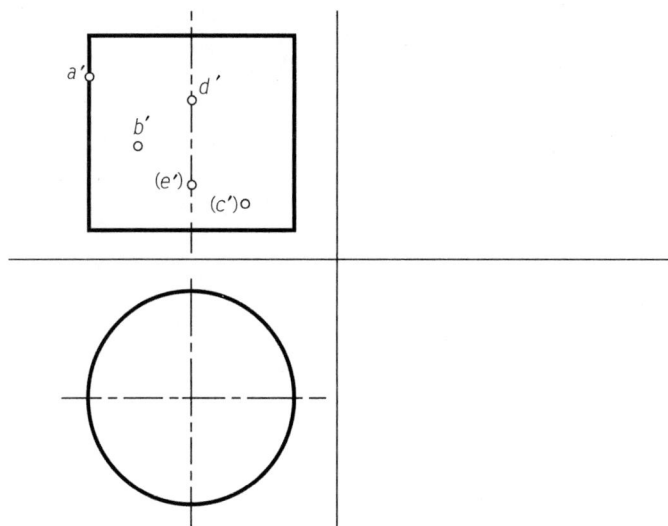

2-50　补全圆锥及其表面上点的三面投影。

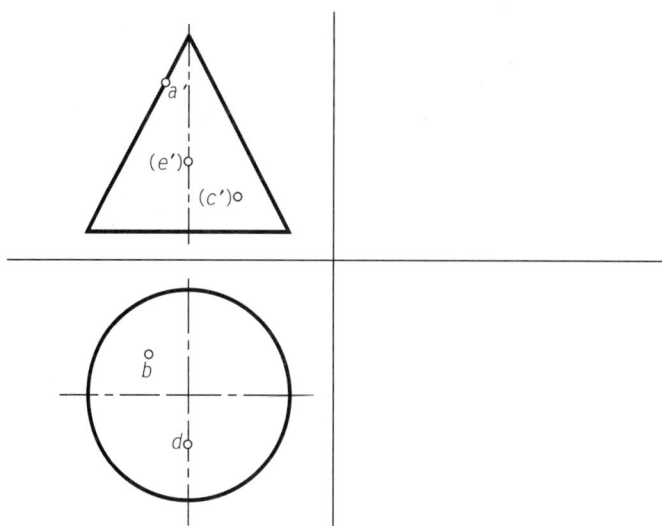

2-51　补全圆锥及其表面上素线和纬圆的三面投影。

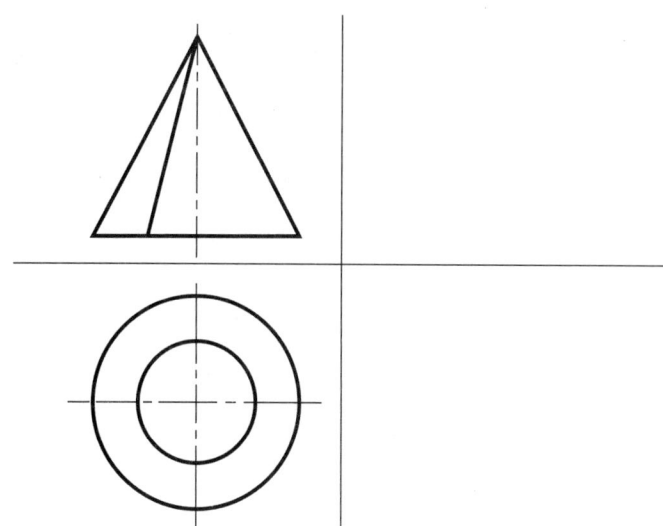

| 第二篇　画法几何 | 第五章　基本体的投影 | 专业班级 | 姓　名 | 学　号 | 日　期 | 评　阅 |

2-52　补全带切口五棱柱的三面投影。

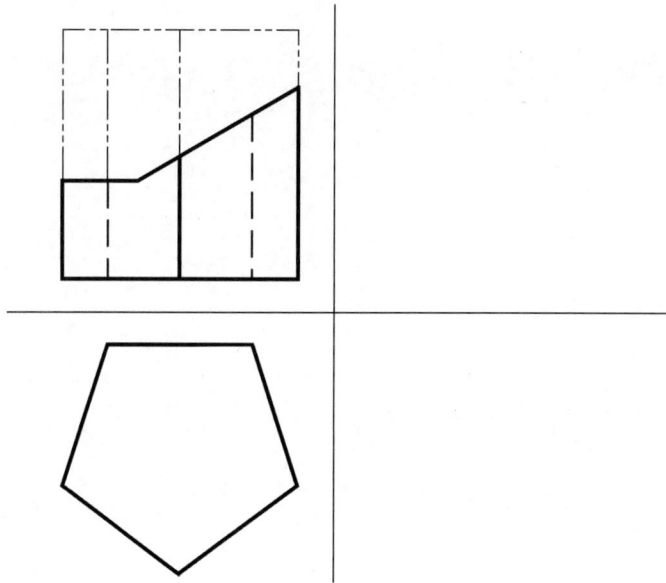

2-53　补全带切口四棱柱的三面投影。

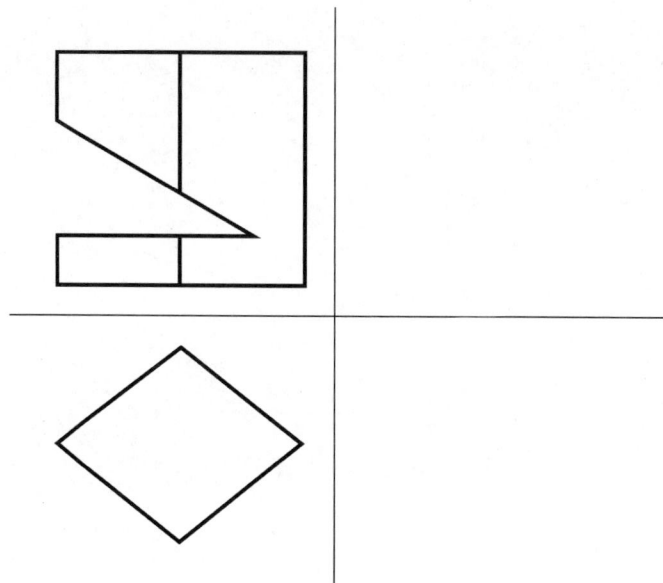

2-54　补全带切口四棱锥的三面投影。

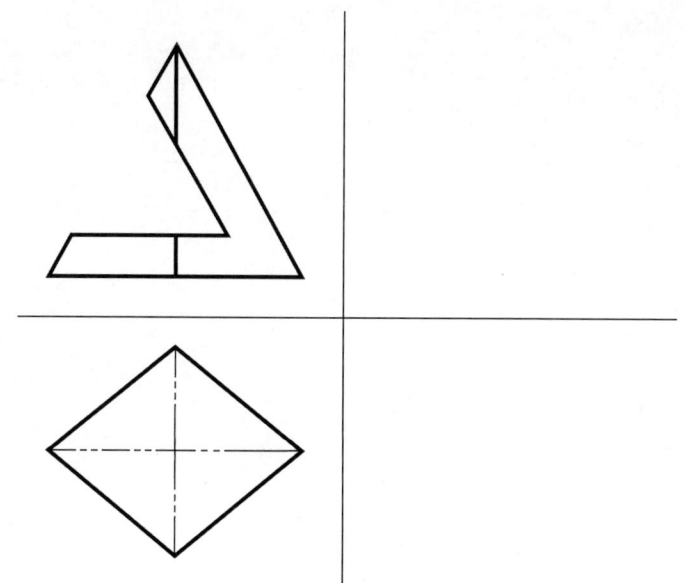

2-55　求作带切口圆柱的 W 面投影。

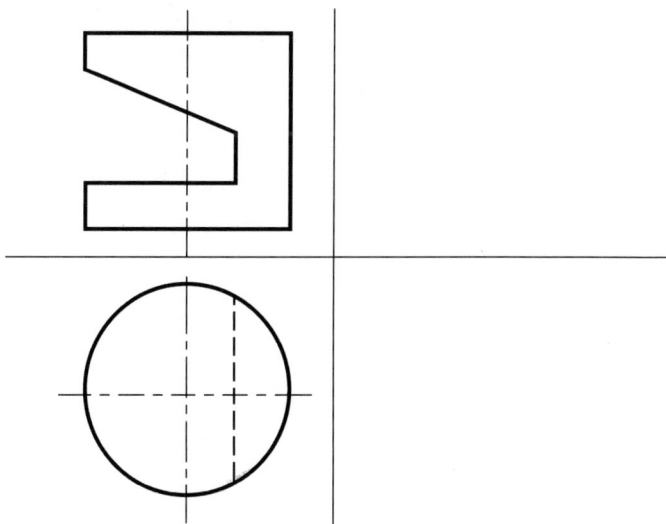

2-56　求作圆锥被截割后的 H、W 面投影。

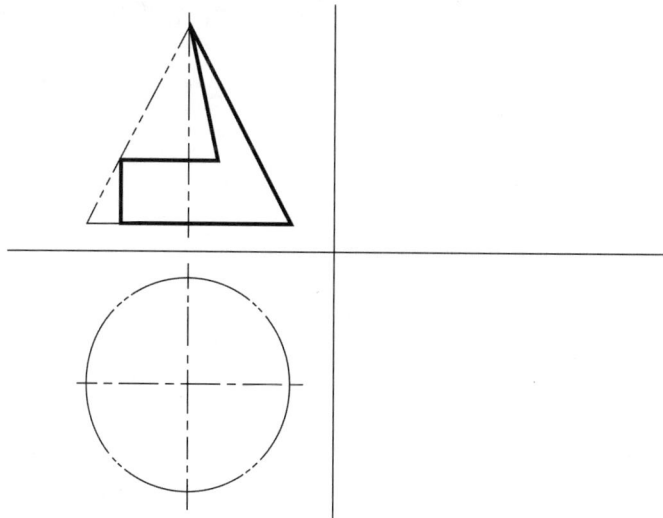

2-57　求作四棱锥截割后的 W 面投影。

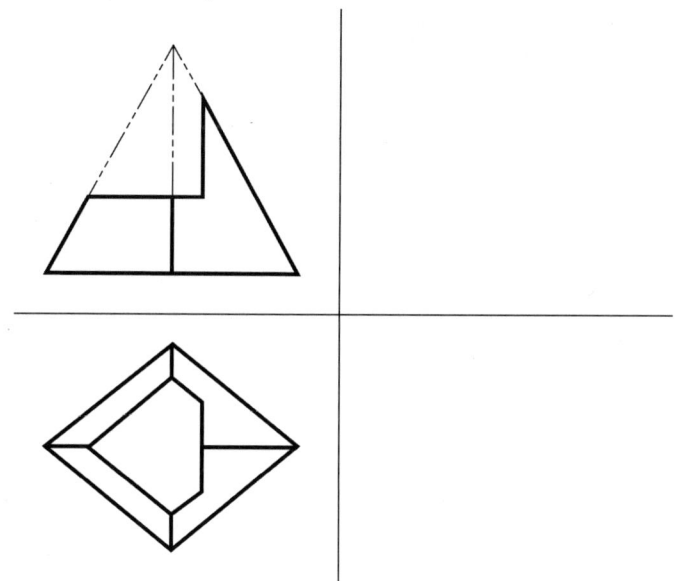

2-58 选择正确的侧面投影。

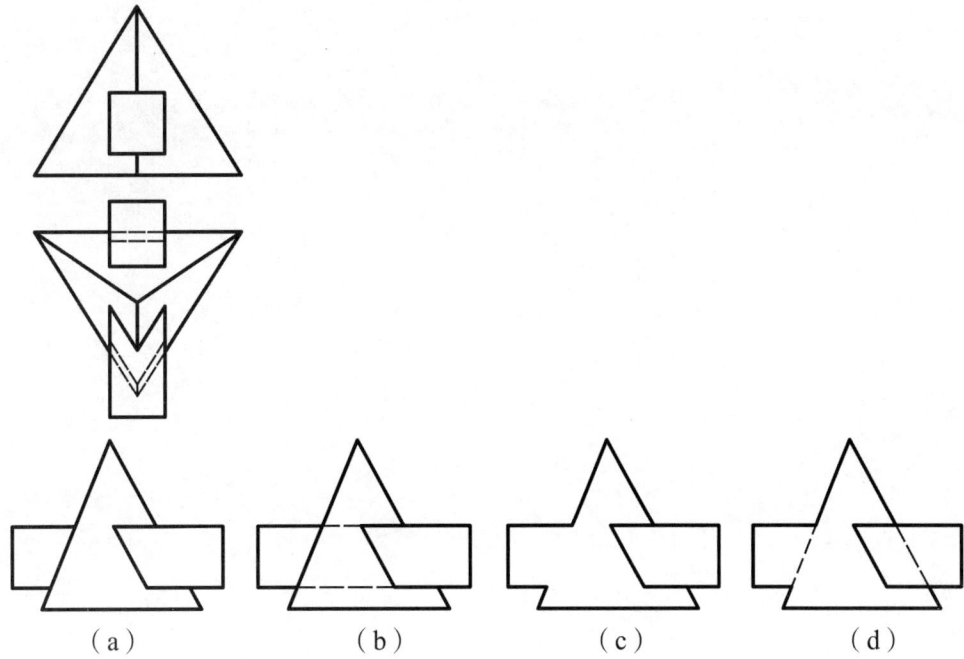

（a）　　　　（b）　　　　（c）　　　　（d）

2-59 选择正确的侧面投影。

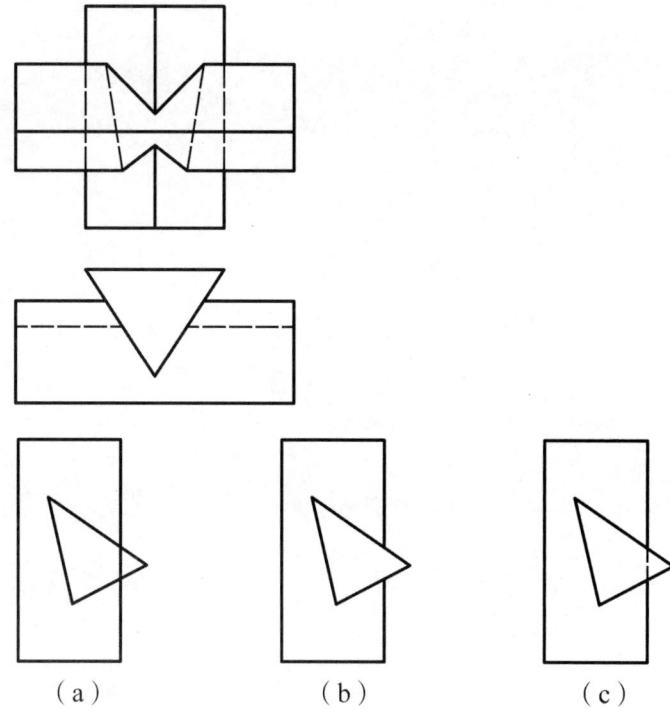

（a）　　　　（b）　　　　（c）

2-60 选择正确的侧面投影。

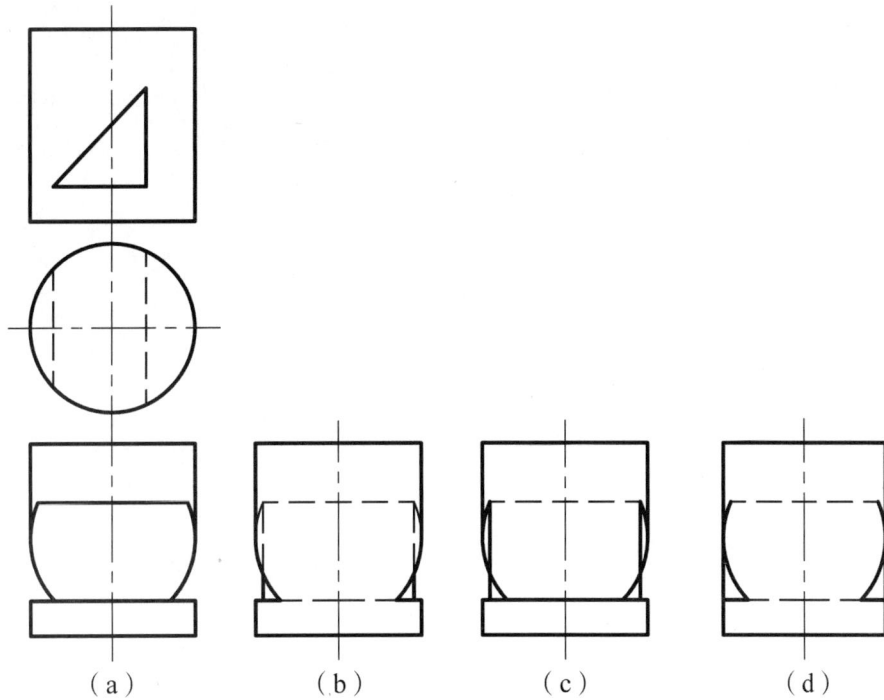

（a）　　　　（b）　　　　（c）　　　　（d）

2-61 选择正确的水平投影。

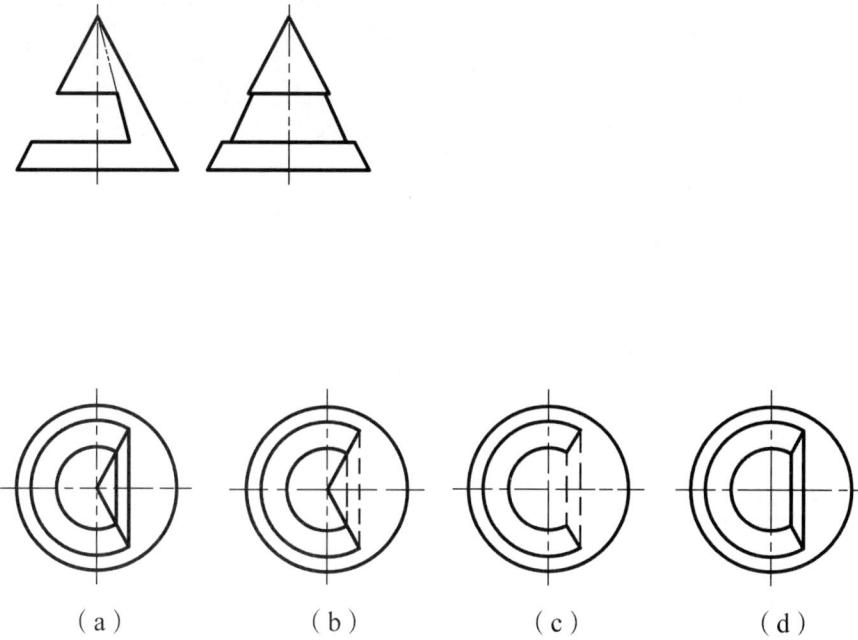

（a）　　　　（b）　　　　（c）　　　　（d）

2-62 完成下列组合体的三面投影图(比例为1:1)。

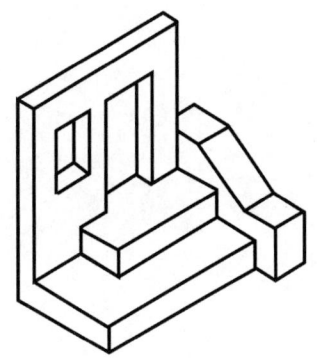

2-63 完成下列组合体的三面投影图(比例为1:1)。**(配动画资源)**

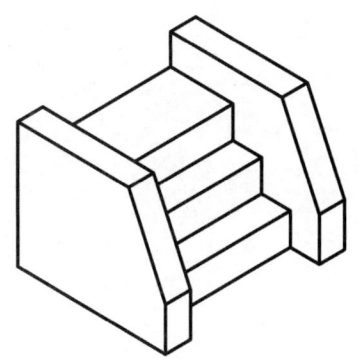

2-64 完成下列组合体的三面投影图(比例为1:1)。

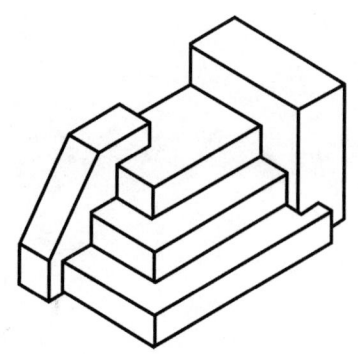

2-65 完成下列组合体的三面投影图(比例为1:1)。

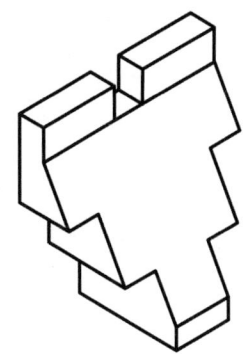

2-66 完成下列组合体的三面投影图(比例为1:1)。**(配动画资源)**

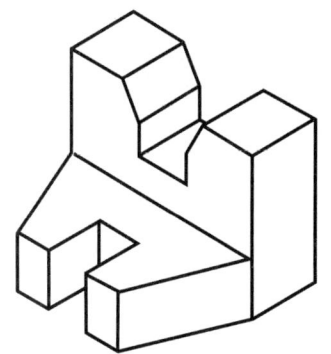

2-67 完成下列组合体的三面投影图(比例为1:1)。**(配动画资源)**

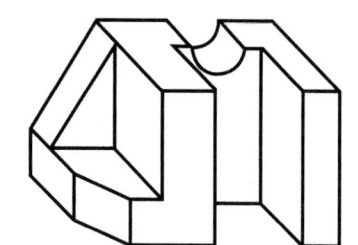

| 第二篇　画法几何 | 第六章　组合体的投影 | 专业班级 | | 姓　名 | | 学　号 | | 日　期 | | 评　阅 | |

2-68 补画立体的第三投影。(配动画资源)

2-69 补画立体的第三投影。(配动画资源)

2-70 补画立体的第三投影。

2-71 补画立体的第三投影。

2-72 补画立体的第三投影。

2-73 补画立体的第三投影。

2-74　补画立体的第三投影。

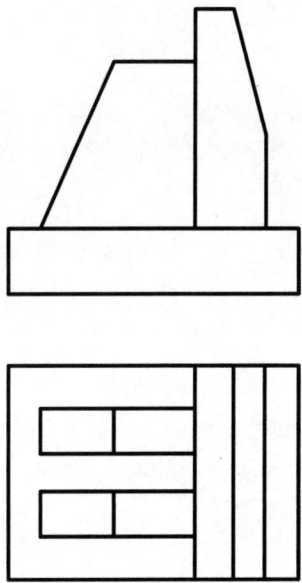

2-75　补画立体的第三投影。

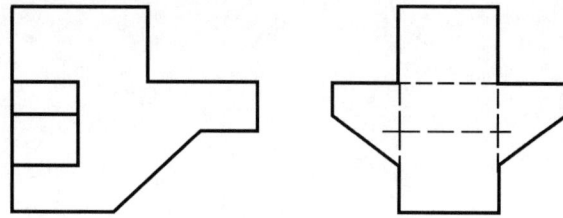

2-76　补画立体的第三投影。

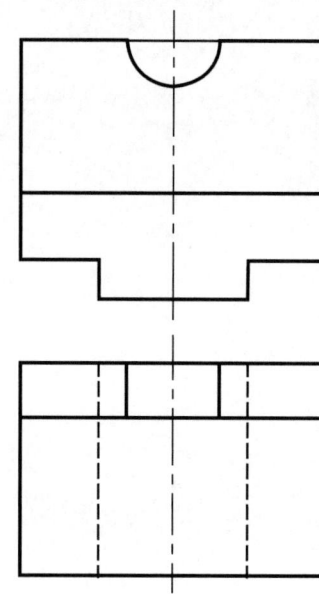

2-77　补画立体的第三投影。

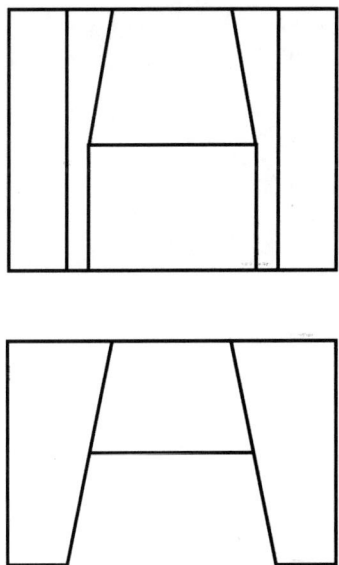

2-78　补画立体的第三投影。（**配动画资源**）

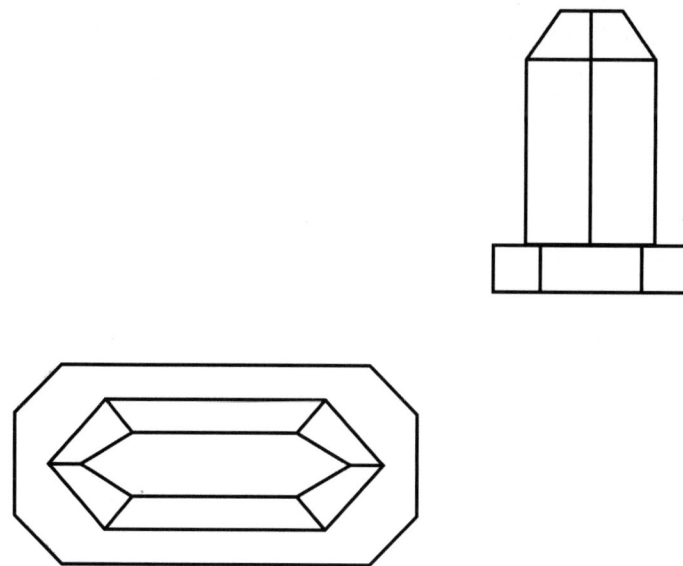

2-79　补画立体的第三投影。（**配动画资源**）

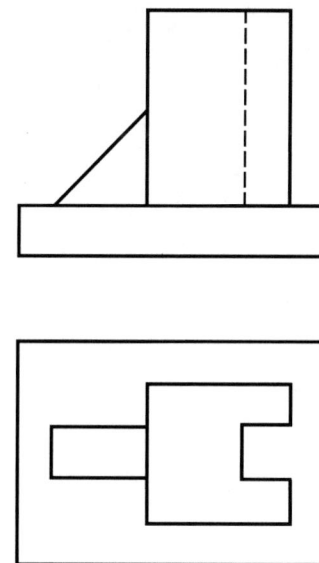

2-80 补全下列投影图中所缺的图线。

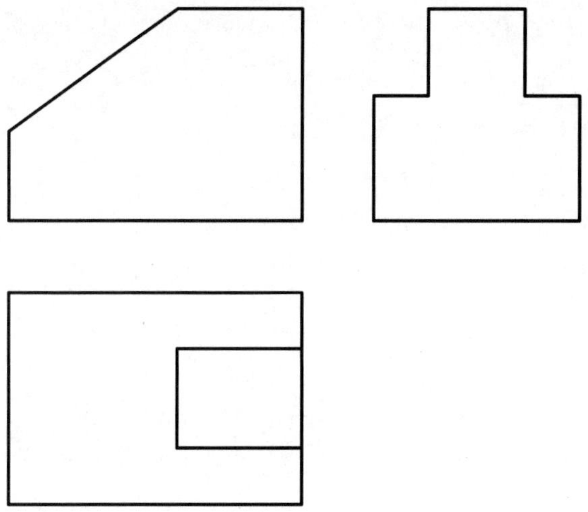

2-81 补全下列投影图中所缺的图线。

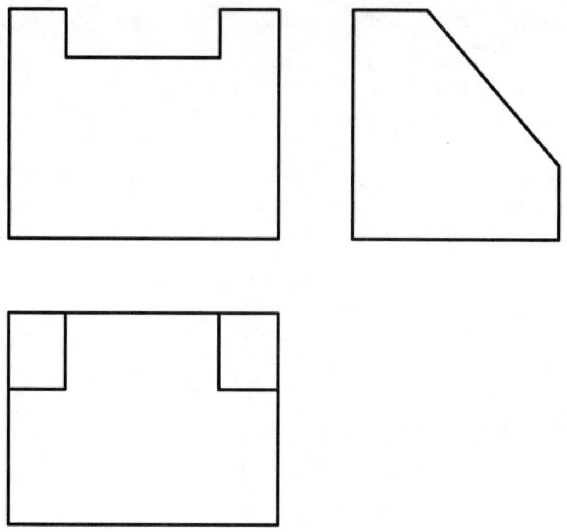

2-82 补全下列投影图中所缺的图线。

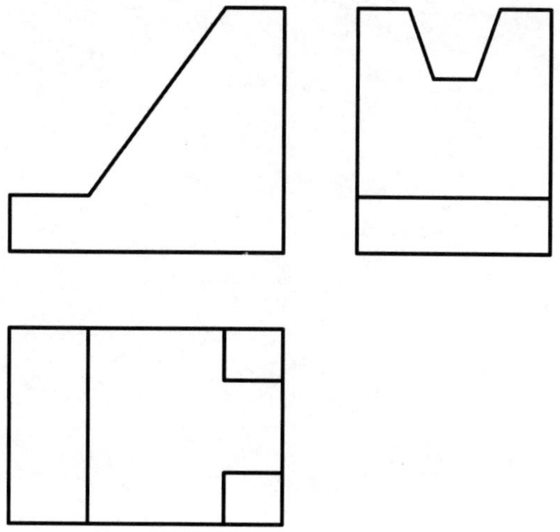

2-83 补全下列投影图中所缺的图线。

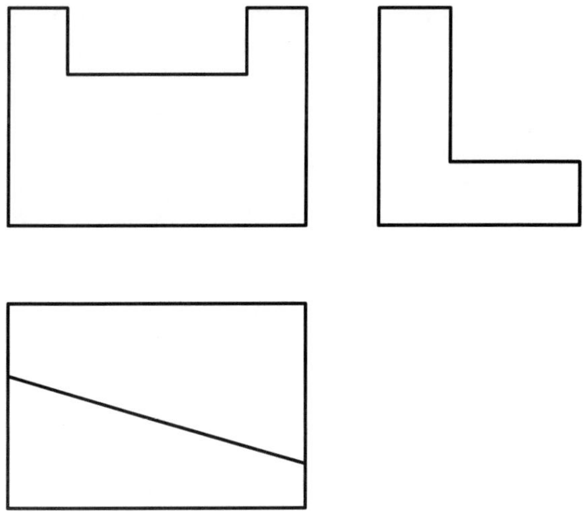

2-84 补全下列投影图中所缺的图线。

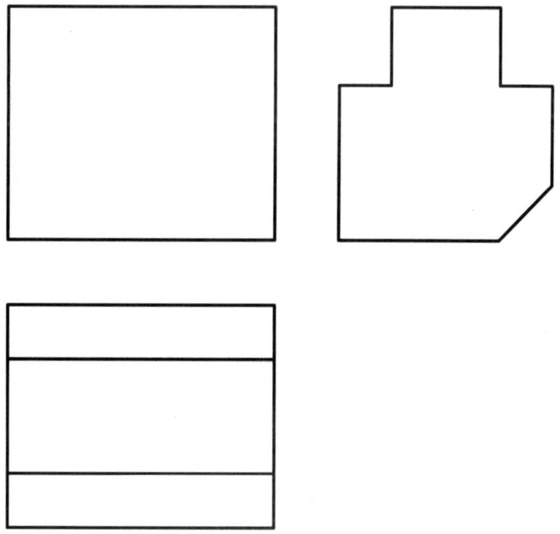

2-85 补全下列投影图中所缺的图线。(**配动画资源**)

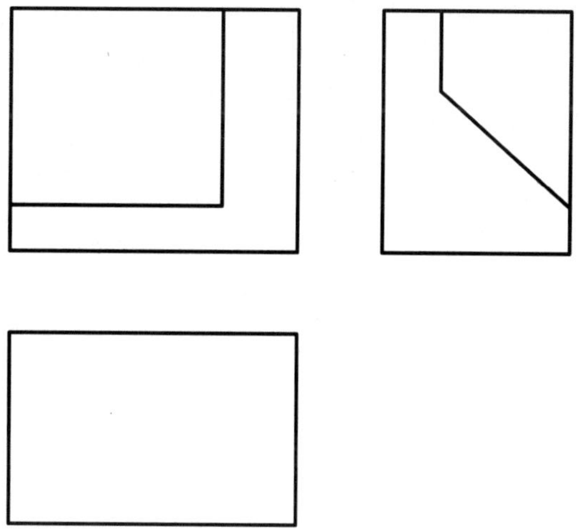

第二篇 画法几何	第六章 组合体的投影	专业班级	姓 名	学 号	日 期	评 阅

2-86 补全下列投影图中所缺的图线。

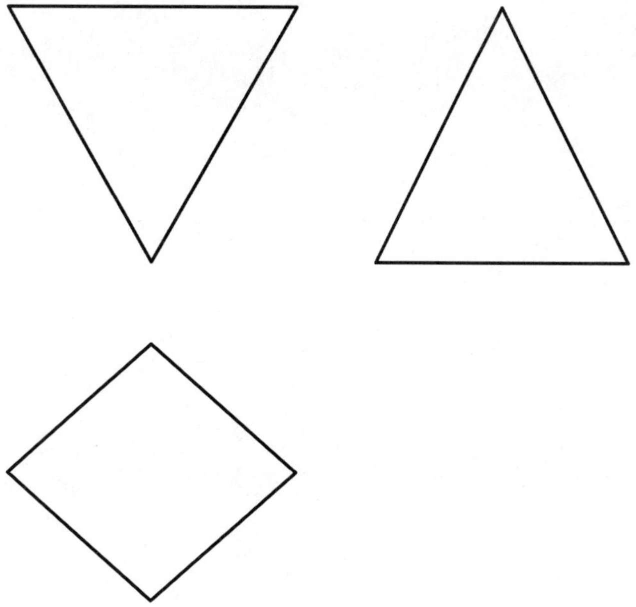

2-87 补全下列投影图中所缺的图线。

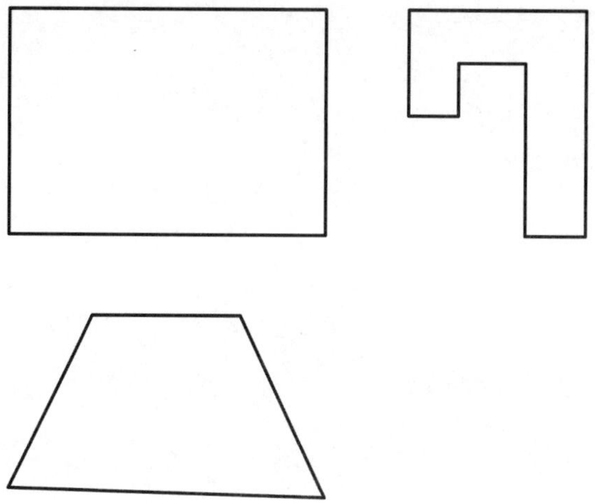

2-88 补全下列投影图中所缺的图线。

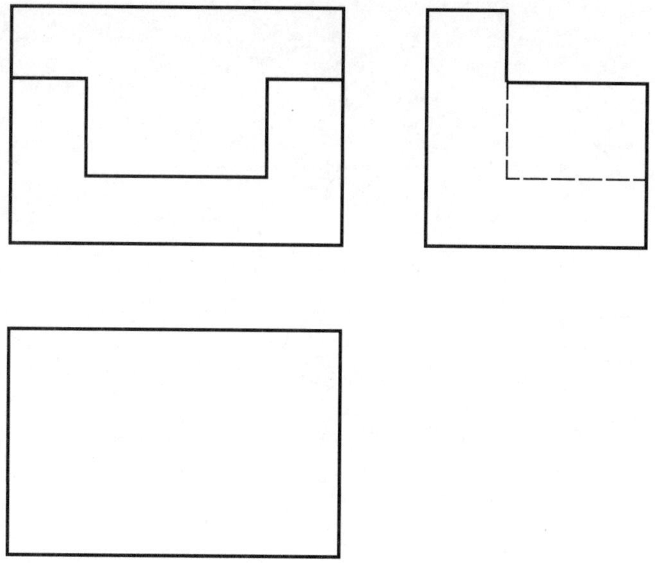

2-89 补全下列投影图中所缺的图线。

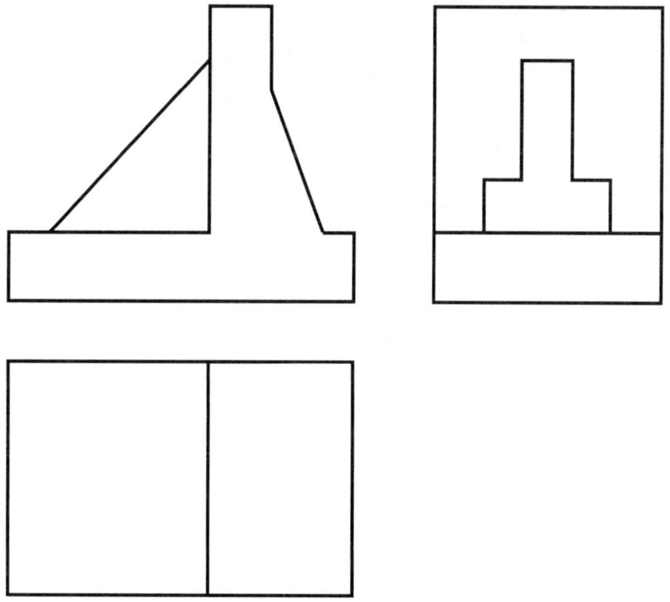

2-90 补全下列投影图中所缺的图线。(配动画资源)

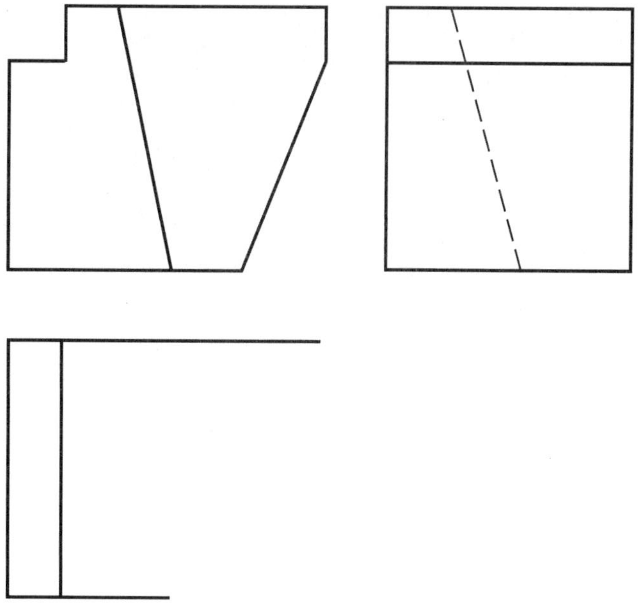

2-91 补全下列投影图中所缺的图线。

第二篇 画法几何	第六章 组合体的投影	专业班级	姓 名	学 号	日 期	评 阅

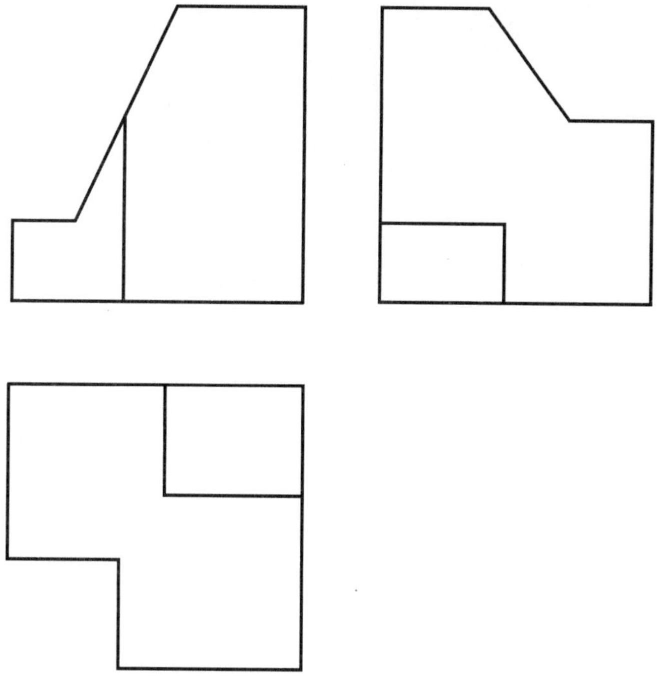

2-92 根据已知的投影图,画出三个不同的 *H* 面投影图。

（1）

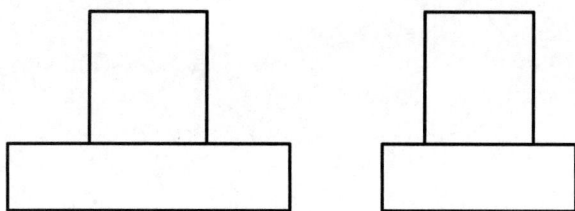

（2）

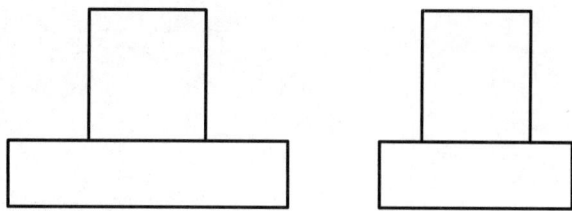

（3）

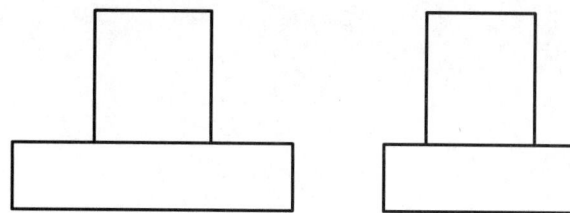

2-93 根据已知的投影图,画出三个不同的 *W* 面投影图。

（1）

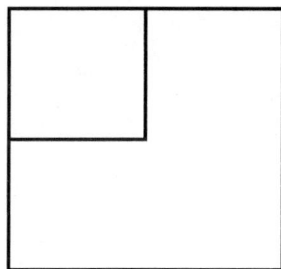

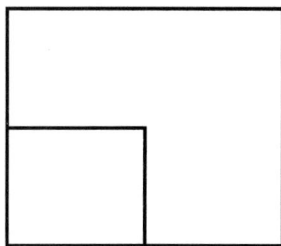

（2）

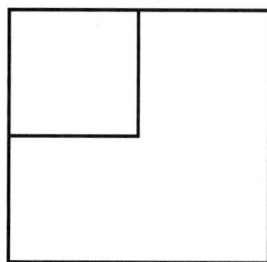

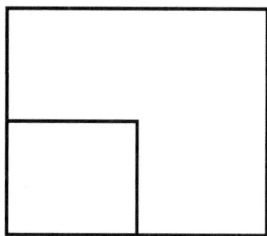

（3）

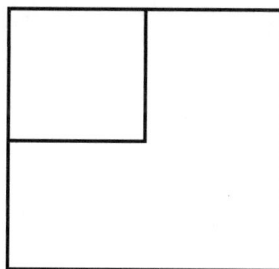

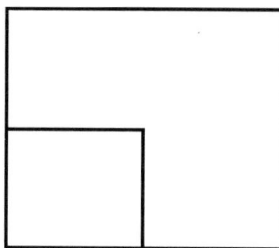

| 第二篇　画法几何 | 第六章　组合体的投影 | 专业班级 | | 姓　名 | | 学　号 | | 日　期 | | 评　阅 | |

2-94 根据已知的*V*面投影,画出以下4个不同组合体的*H*面、*W*面投影图。(**配动画资源**)

（1）

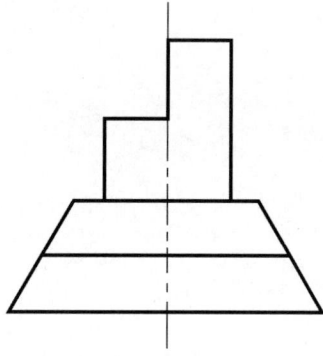

（2）

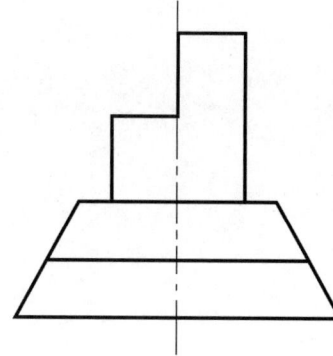

（3）

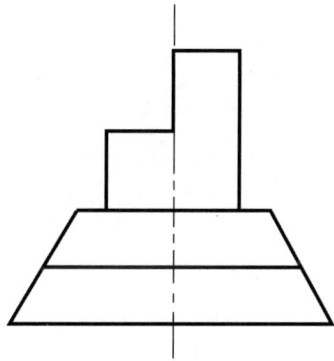

（4）

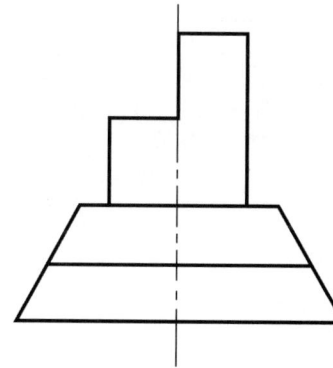

2-95 找出下列图中尺寸标注的错误,并在右图中重新标注。

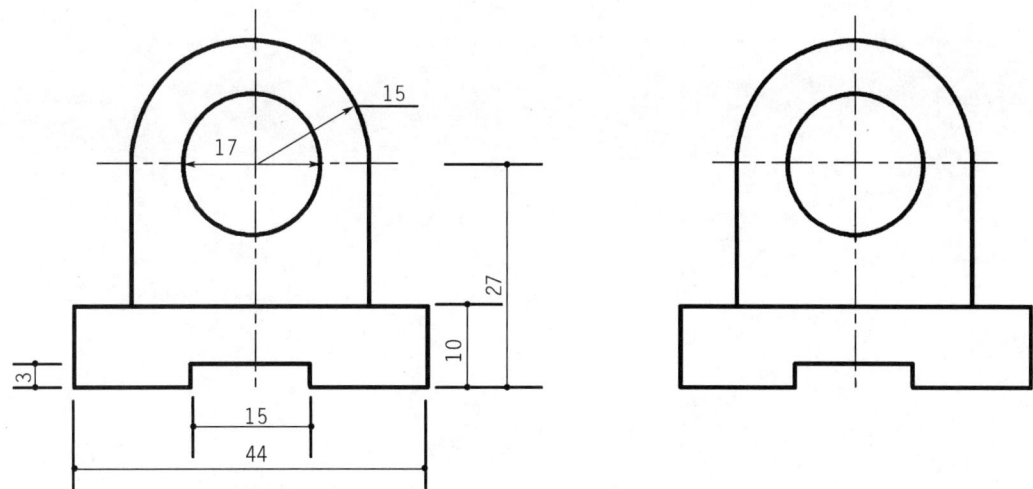

15
17
27
10
3
15
44

2-96 标注组合体的尺寸,数字从图中按比例1:10量取(取整数)。

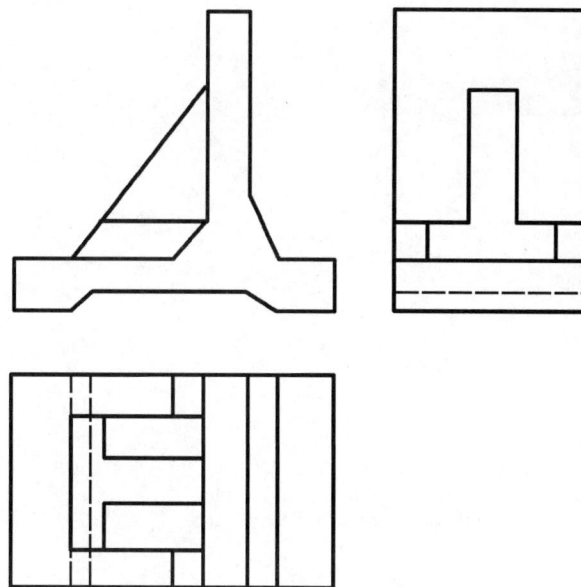

2-97 标注组合体的尺寸,数字从图中按比例1:2量取(取整数)。

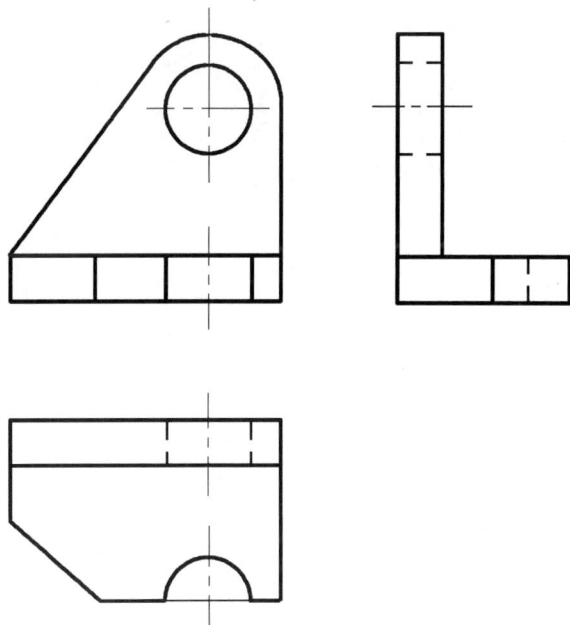

2-98 补画图中缺少的尺寸(不标尺寸数字)。

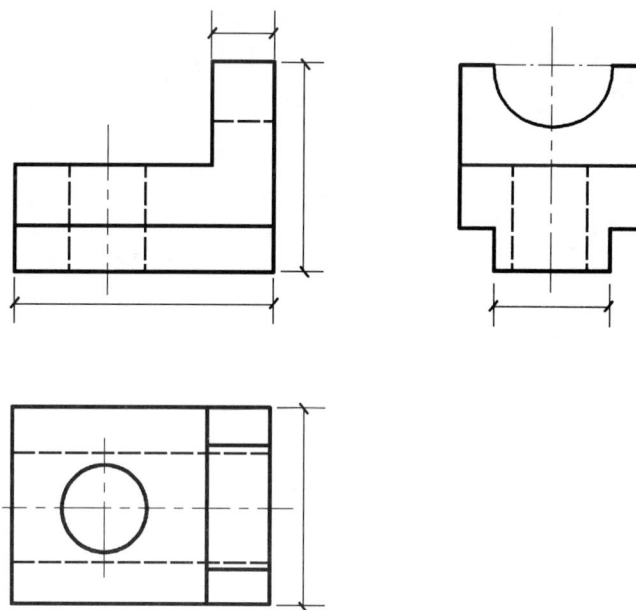

2-99 完成形体的正等轴测投影图。(**配动画资源**)

2-100 完成形体的正等轴测投影图。(**配动画资源**)

2-101 完成形体的正等轴测投影图。(**配动画资源**)

2-102 完成形体的斜二轴测投影图。(**配动画资源**)

2-103 完成形体的斜二轴测投影图。(**配动画资源**)

2-104 完成形体的斜二轴测投影图。(**配动画资源**)

2-105 完成组合体的正等轴测投影图。(配动画资源)

2-106 完成组合体的正等轴测投影图。(配动画资源)

2-107 完成组合体的正等轴测投影图。

2-108 完成组合体的斜二轴测投影图。(配动画资源)

2-109 完成组合体的斜二轴测投影图。(配动画资源)

2-110 完成组合体的斜二轴测投影图。(配动画资源)

第二篇 画法几何	第七章 轴测投影	专业班级	姓 名	学 号	日 期	评 阅

2-111　完成组合体的轴测投影图(自选轴测类型)。

2-112　完成组合体的轴测投影图(自选轴测类型)。

2-113　完成组合体的轴测投影图(自选轴测类型)。

2-114　完成组合体的轴测投影图(自选轴测类型)。

2-115　完成组合体的轴测投影图(自选轴测类型)。

2-116　完成组合体的轴测投影图(自选轴测类型)。

2-117 补画 2-2 剖面图。(配动画资源)

1—1

2-118 作 1-1 全剖面图;作 2-2 半剖面图。(配动画资源)

φ

2-119 完成下列物体的轴测剖面图。

P

2-120 根据涵洞口的三面投影,在指定位置画出 1-1、2-2 剖面图。(配动画资源)

2-121 完成桥台的 1-1 剖面图。(配动画资源)

2-122 补画下列剖面图中缺少的图线。

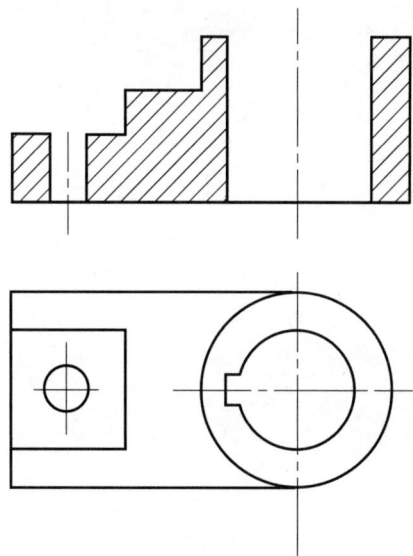

2-123 分析局部剖面图中的错误,并在右边画出正确的局部剖面图。

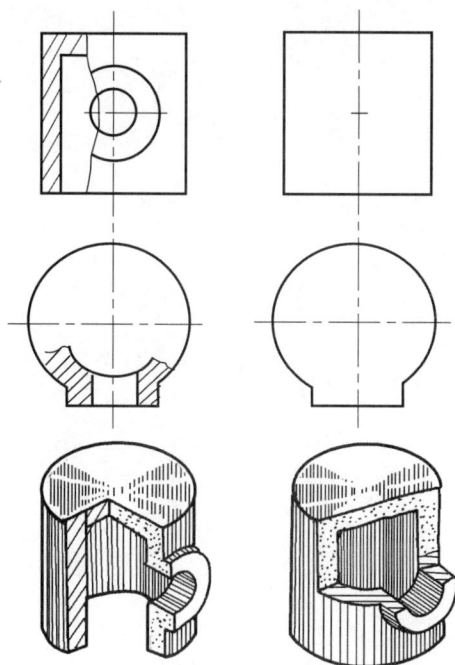

2-124 将图示物体的 V 面投影画成半剖面图。

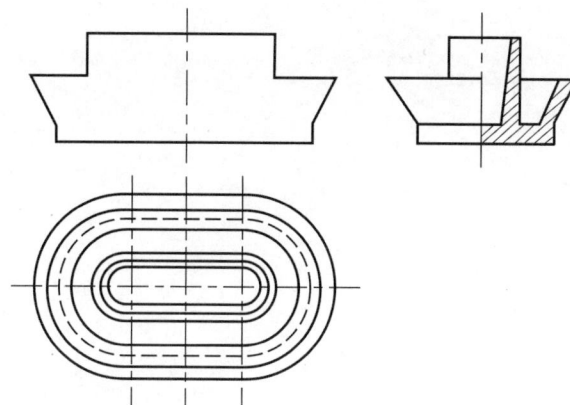

2-125 已知形体的 V 面、H 面投影,把 V 面投影图改画成 1-1 阶梯剖面图。

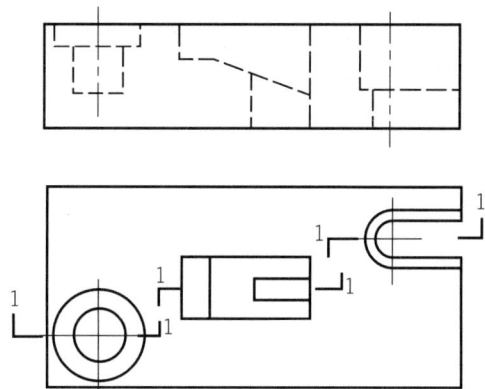

2-127 试把形体的 V 面投影改画成局部剖面图表示的投影图。

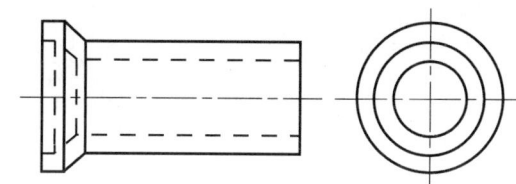

2-126 补画 1-1 旋转剖面图中缺少的图线。

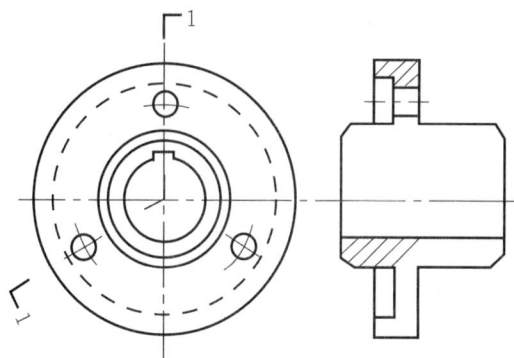

| 第二篇 画法几何 | 第八章 剖面图和断面图 | 专业班级 | 姓 名 | 学 号 | 日 期 | 评 阅 | |

2-128 按图 a) 的 1-1 移出断面,分别在 b) 中画出其中断断面图和在 c) 中画出其重合断面图。

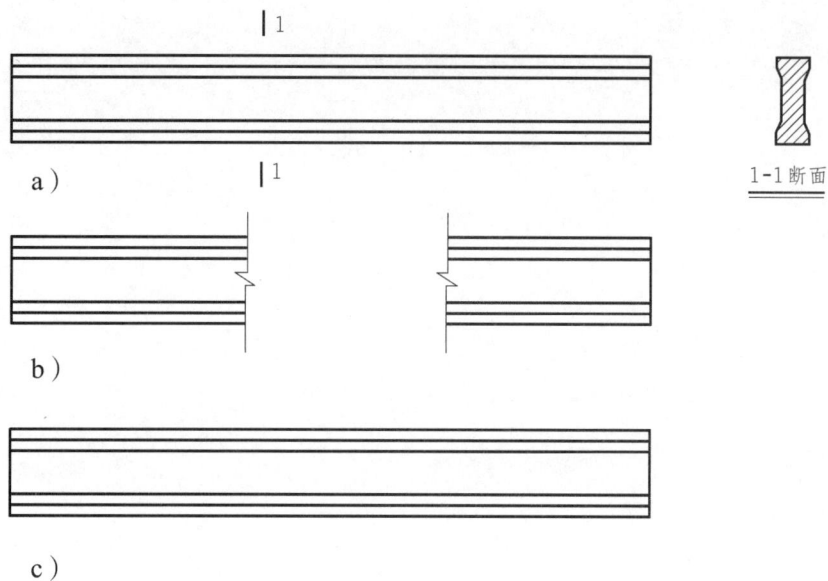

a)

1-1 断面

b)

c)

2-129 画出 1-1、2-2 断面图。(**配动画资源**)

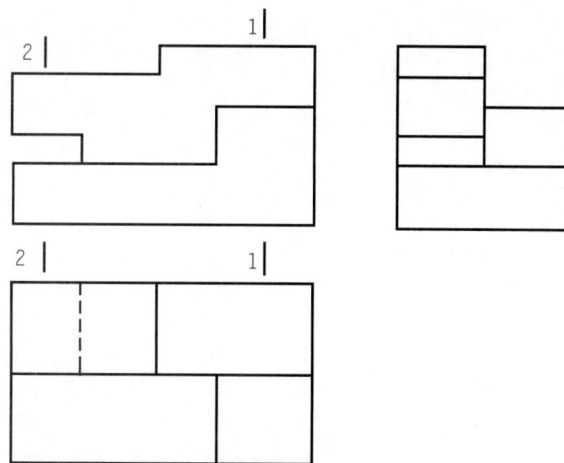

2

1

2

1

2-130 画出指定位置的 1-1、2-2、3-3、4-4 断面图。

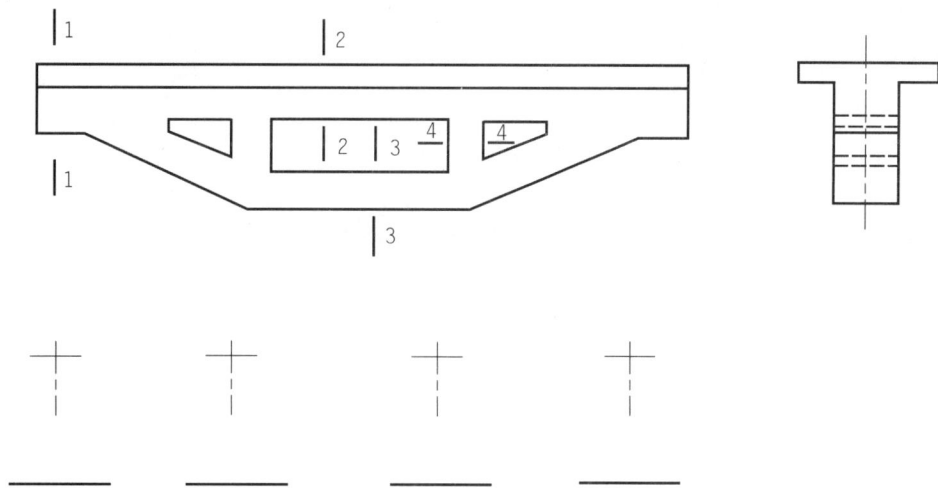

1

2

2 3 4 4

1

3

2-131 画出指定位置的 1-1、2-2 断面图。(**配动画资源**)

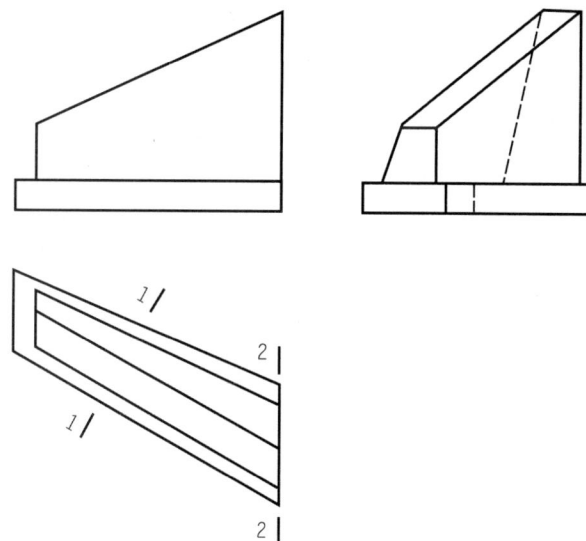

1

2

1

2

第二篇　画法几何	第八章　剖面图和断面图	专业班级	姓　名	学　号	日　期	评　阅

2-132　已知形体的投影和 1-1 断面,画出 2-2 剖面图。

2-133　画出 1-1 断面图、2-2 剖面图。(配动画资源)

2-134　在指定位置按规定画法画出桥台的 1-1 全剖面图。(配动画资源)

桩顶嵌入桥台底部15cm

2-135　识读剖面图,并补全三个挖孔对应的三面投影位置标注。

2-136 求作直线 AB 的实长、倾角 α 及整数高程点,并计算其坡度 i 和平距 l。

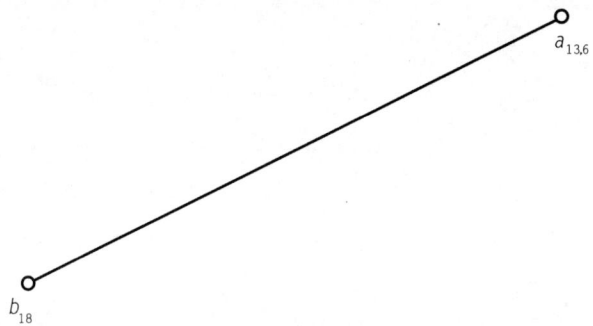

$a_{13,6}$

b_{18}

0 1 2 3 4 5

2-137 作出平面 △ABC 的等高线,并求该平面的倾角 α。

a_{25}

$b_{30,5}$

$c_{32,2}$

0 1 2 3 4 5

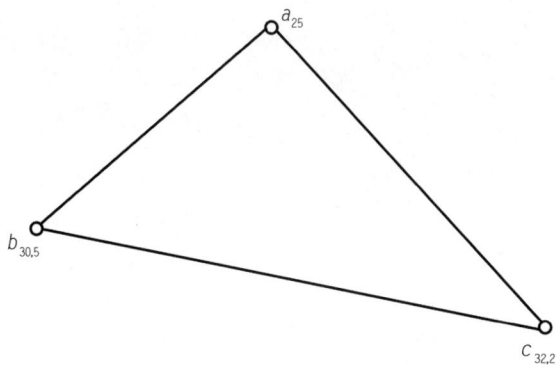

2-138 作出平面的等高线和坡度比例尺。

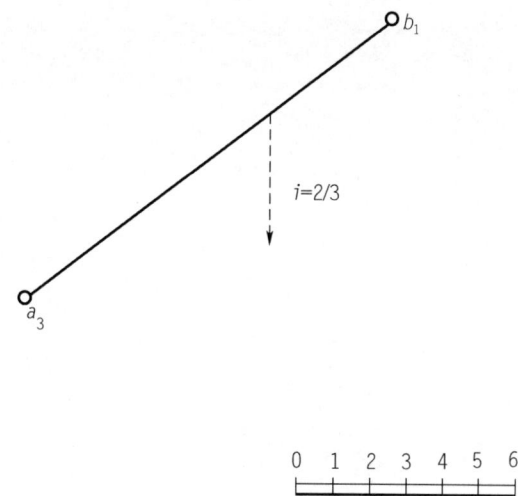

b_1

$i=2/3$

a_3

0 1 2 3 4 5 6

2-139 试在 a_2b_{10} 线上定出 c_5。

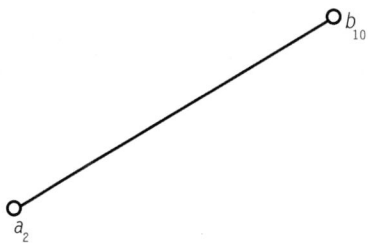

b_{10}

a_2

0 1 2 3 4 5

2-140 求两平面的交线。

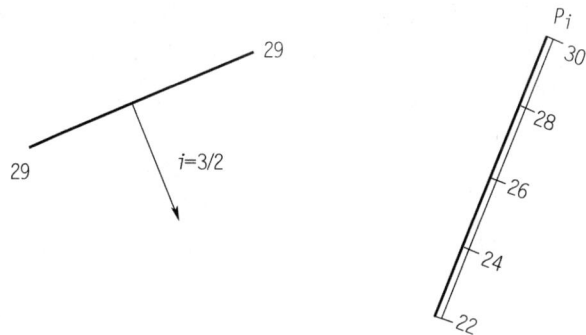

29

29

$i=3/2$

p_i

30

28

26

24

22

0 2 4 6

2-141 在堤坝与河岸的相交处筑有护坡,各坡面的坡度均为 1:2,作出坡面交线和坡脚线。

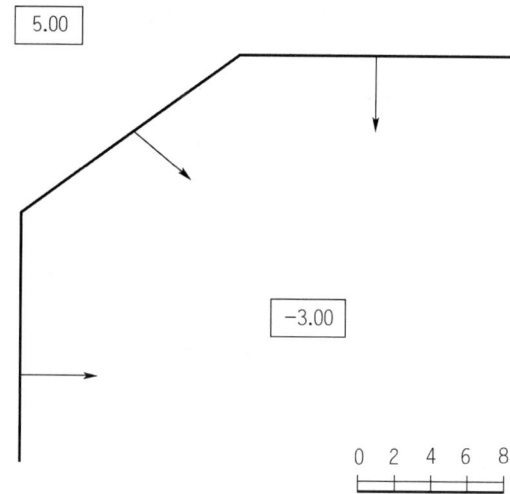

5.00

−3.00

0 2 4 6 8

2-142 在一斜坡面上开挖基坑,如下图所示。求作基坑各坡面间的交线、基坑各坡面与斜坡面的交线。

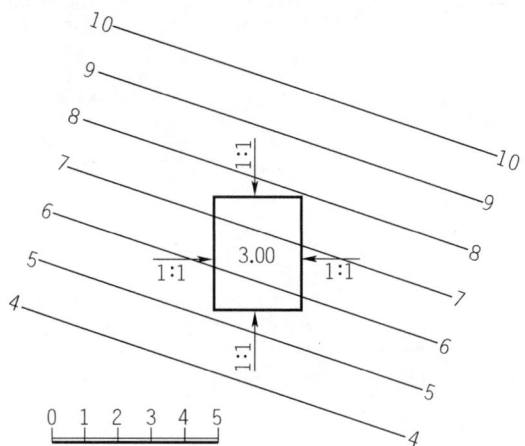

2-143 两堤顶的高程及各边坡坡度如下图所示,求作坡脚线及各边坡的交线(地面高程为 ±0m)。(配动画资源)

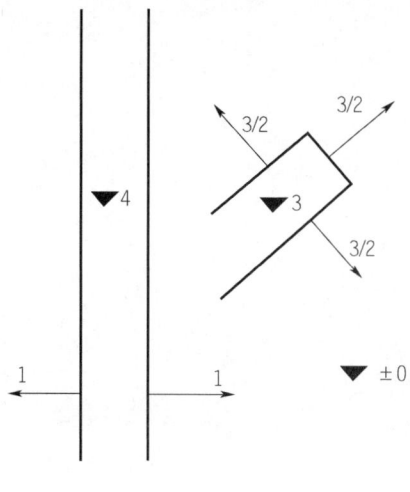

2-144 A 至 B 为一管道,请用虚线和实线分别标明管道埋入地下和露出地面各段的高程投影。

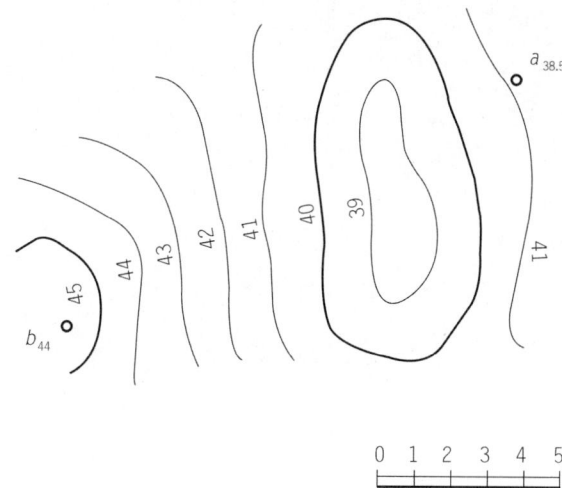

2-145 一坡度为 1:5 的引道与高程为 25.00 的水平场地和高程为 22.00 的地面连接,各边坡坡度如下图所示,求作坡角线和各坡面的交线。

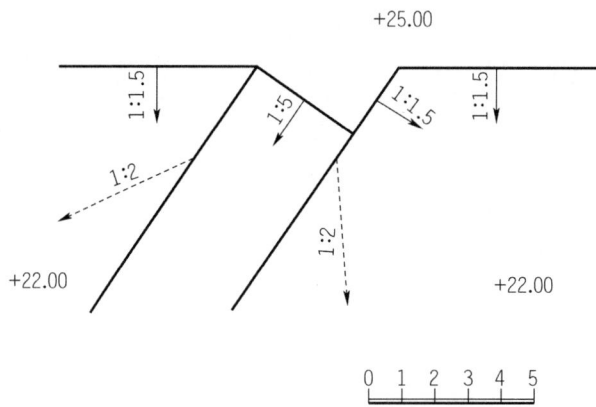

2-146 在山坡上修筑一水平场地,填方坡度为 3/4,挖方坡度为 1,作出填挖分界线。

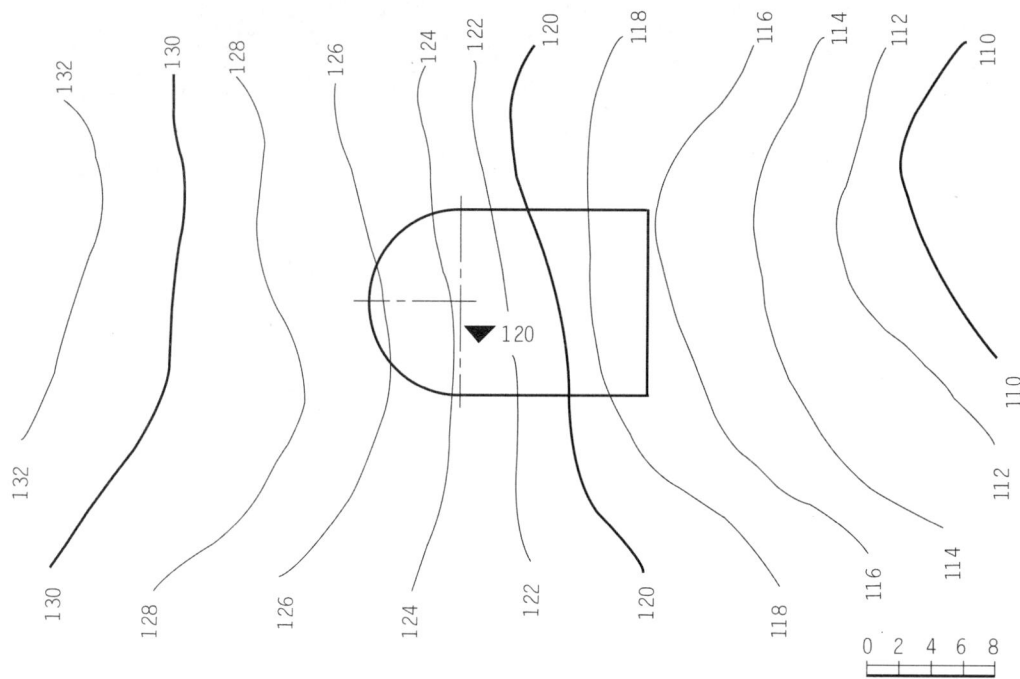

第二篇 画法几何	第九章 高程投影	专业班级	姓 名	学 号	日 期	评 阅

3-1 填空题。

1. 路线工程图的图示方法与一般工程图样不完全相同,它是采用_____作为平面图,用_____作为立面图,用_____作为侧面图。

2. 道路路线设计的最后结果是以_____、_____和_____来表达。

3. 路线平面图是从_____投影所得到的水平投影图,也是用_____投影法所绘制的道路沿线周围区域的地形图。

4. 路线平面图主要是表示路线的_____和_____,以及沿线两侧一定范围内的_____等情况。

5. 路线长度用_____表示,里程由左向右递增。路线左侧设有"_____"标记,表示为公路里程桩号,右侧设有百米桩标记"_____",数字写在短细实线端部,字头朝向_____。

6. 路线纵断面图是通过公路中心线用假想的_____进行剖切展平后获得的。

7. 路线纵断面图包括_____和_____两部分,一般_____画在图纸的上部,_____布置在图纸的下部。

8. 道路纵断面图中,如果横坐标的比例为1:1000,则纵坐标的比例为_____。

9. 如果某道路纵断面图中水平比例为1:2000,则垂直比例为_____。

10. 画出下列道路建筑材料的图例。

钢筋混凝土	干砌块石	水稻田	天然土体

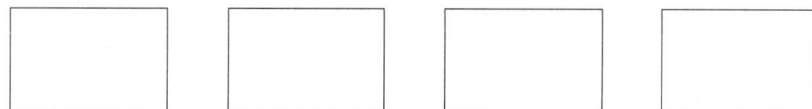

11. 城市以外或在城市郊区的道路称为_____,位于城市范围内的道路称为_____。

12. 路基横断面是用假想的_____,垂直于路中心线剖切而得到的图形。

13. 路基横断面图一般不画出_____和_____,以路基边缘的_____作为路中心的设计高程。

14. 路基横断面的基本形式有三种,分别是_____、_____、_____。

15. 平面图的植物图例,应朝_____或向_____绘制;每张图纸的右上角应有_____,注明图纸序号及总张数。

16. 横断面图的地面线一律用_____线,设计线用_____线,道路的_____也应在图中表示出来。

3-2 单项选择题。

1. 路线平面图中,里程桩号标记在路线的( )。
   A. 左侧　　　B. 右侧　　　C. 下方　　　D. 上方

2. 路线走向规定( )。
   A. 由左向右　　　B. 由右向左　　　C. 由下向上　　　D. 由上向下

3. 道路路线平面图所用比例一般较小,通常在城镇区为( )。
   A. 1:500或1:1000　　B. 1:2000　　C. 1:5000或1:10000

4. 公路纵断面图中设计线上各点的高程通常是指( )。
   A. 路基中心线的设计高程
   B. 路基边缘的设计高程
   C. 路面中心线的设计高程

5. 为了路基施工放样和计算土石方的需要,在路线的每一( )桩处,应根据实测资料和设计要求,画出一系列的路基横断面图,主要是表达路基横断面的形状和地面高低起伏状况。
   A. 公里　　　B. 中心　　　C. 百米

6. 相邻路线平面图图纸拼接时,路线中心应对齐,接图线重合,并以( )方向为准。
   A. 正北　　　B. 正南　　　C. 正东　　　D. 正西

7. 在路线纵断面图中,当路线坡度发生变化时,变坡点应用直径为( )的中粗线表示。
   A. 2mm　　　B. 4mm　　　C. 6mm

8. 在同一张图纸上绘制的路基横断面图,应按里程桩号顺序排列,从图纸的( )方开始,先由下而上,再自左向右排列。
   A. 左上　　　B. 左下　　　C. 右上　　　D. 右下

3-3 多项选择题。

1. 在横断面图中,( )均用粗实线表示,路面厚度用中粗实线表示,原有地面线用细实线表示,路中心线用细点划线表示。
   A. 路面线　　B. 开挖线　　C. 路肩线　　D. 边坡线　　E. 护坡线

2. 横断面图的水平方向和高度方向宜采用相同比例,一般比例为( )。
   A. 1:200　　B. 1:20　　C. 1:100　　D. 1:10　　E. 1:50　　F. 1:500

3. 圆曲线带有缓和曲线段的曲线主点是( )。
   A. 直缓点(ZH点)　B. 直圆点(ZY点)　C. 缓圆点(HY点)　D. 圆直点(YZ点)
   E. 曲中点(QZ点)　F. 圆缓点(YH点)　G. 缓直点(HZ点)

4. 圆曲线不带有缓和曲线段的曲线主点是( )。
   A. 直缓点(ZH点)　B. 直圆点(ZY点)　C. 缓圆点(HY点)　D. 圆直点(YZ点)
   E. 曲中点(QZ点)　F. 圆缓点(YH点)　G. 缓直点(HZ点)

5. 在公路纵断面图中,资料表主要包括的项目和内容是( )。
   A. 地质概况　　B. 水准点　　C. 超高　　D. 填高
   E. 坡度/距离　　F. 地面高程　　G. 里程桩号　　H. 平曲线
   I. 挖深　　J. 加宽　　K. 设计高程

第三篇 公路工程图	第一章 公路路线工程图	专业班级	姓 名	学 号	日 期	评 阅

3-4 识读以下所给出的某路中线平面图,并回答问题。

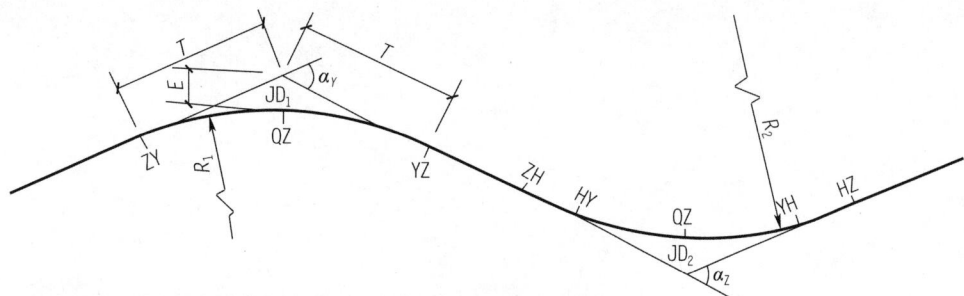

| 编号 | α | | R | L_S | T | L | E |
	α_Z	α_Y					
JD_1	—	23°16′20″	8300	—	926.24	1800.17	61.85
JD_2	12°31′16″		5500	600.15	602.50	1200.35	32.91

1. 公路平面线形的三要素是_____、_____、_____。
2. 图示部分路线共有两个平曲线,其中 JD_1 处是_____(填左或右)转,转角是_____;
   JD_2 处是_____(填左或右)转,转角是_____。
3. JD_1 处设了一个不带缓和曲线的平曲线,ZY、QZ、YZ 分别表示曲线的_____点。
4. JD_2 处设了一个带缓和曲线的平曲线,其中 ZH 叫作_____点,HY 叫作_____点,QZ 叫作_____点,YH 叫作_____点,HZ 叫作_____点。
5. JD_1 处的平曲线半径为_____,切线长为_____,外距为_____,圆曲线长为_____。
6. JD_2 处的平曲线半径为_____,切线长为_____,外距为_____,圆曲线长为_____,缓和曲线长为_____。

3-5 请阅读以下地形图并回答问题。

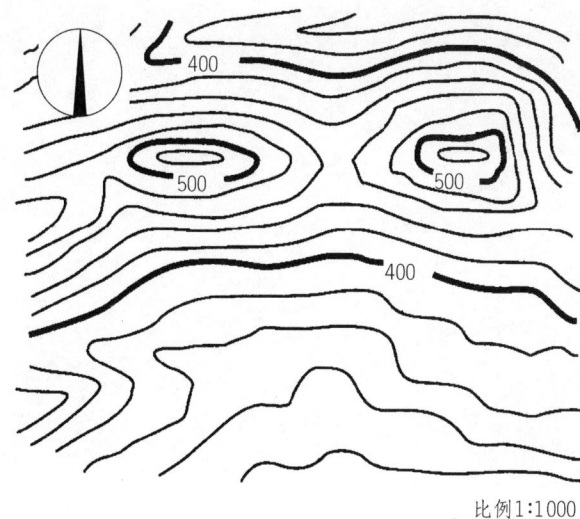

比例1:1000

1. 请在图中引出线的位置,标出其所指示的地形名称。
2. 本图的比例为_____。
3. 为了便于读图,一般每隔四条等高线要加粗一条,这样的等高线称为_____,其余不加粗的等高线称为_____。本图中相邻两条等高线之间高差为_____,高程最低的等高线高程为_____。
4. 图中符号⊕叫作_____,其箭头所指应为_____方向。

3-6 阅读路线纵断面图,补全路线纵断面图的填、挖高程数字,并回答问题。

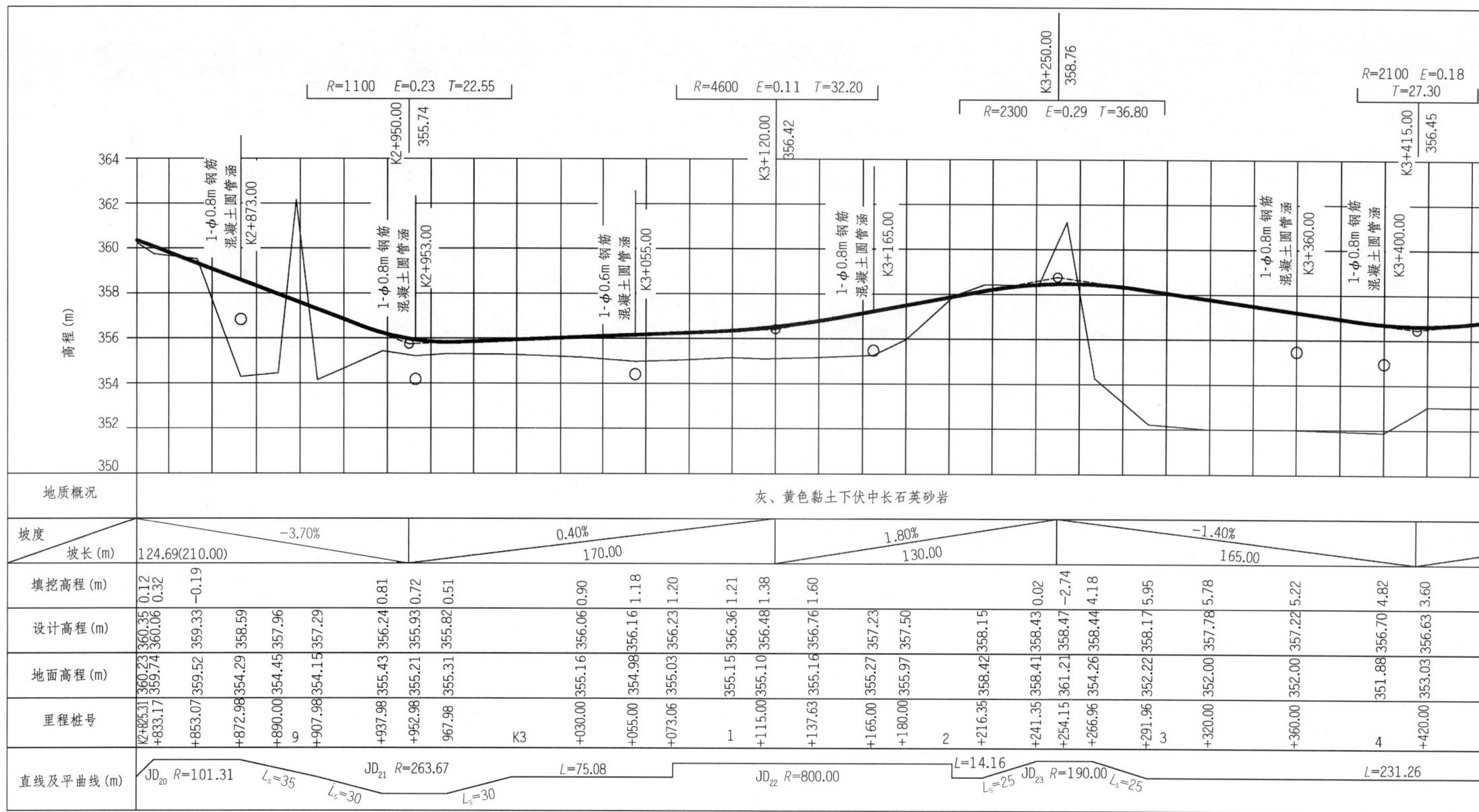

（1）在路线纵断面图中,有_____个凸曲线,有_____个凹曲线。

（2）在路线纵断面图中,有_____个平曲线,最大平曲线半径为_____。

（3）桩号为 K3 + 115 处的设计高程为_____,地面高程为_____。

（4）在桩号为 K3 + 055 处设有钢筋混凝土圆管涵,1-φ0.6m 表示_____。

第三篇　公路工程图	第一章　公路路线工程图	专业班级	姓　名	学　号	日　期	评　阅

3-7 补绘路线纵断面图中的地面线,并根据标准横断面图绘制给定桩号处的路基横断面图(比例1:4000)。

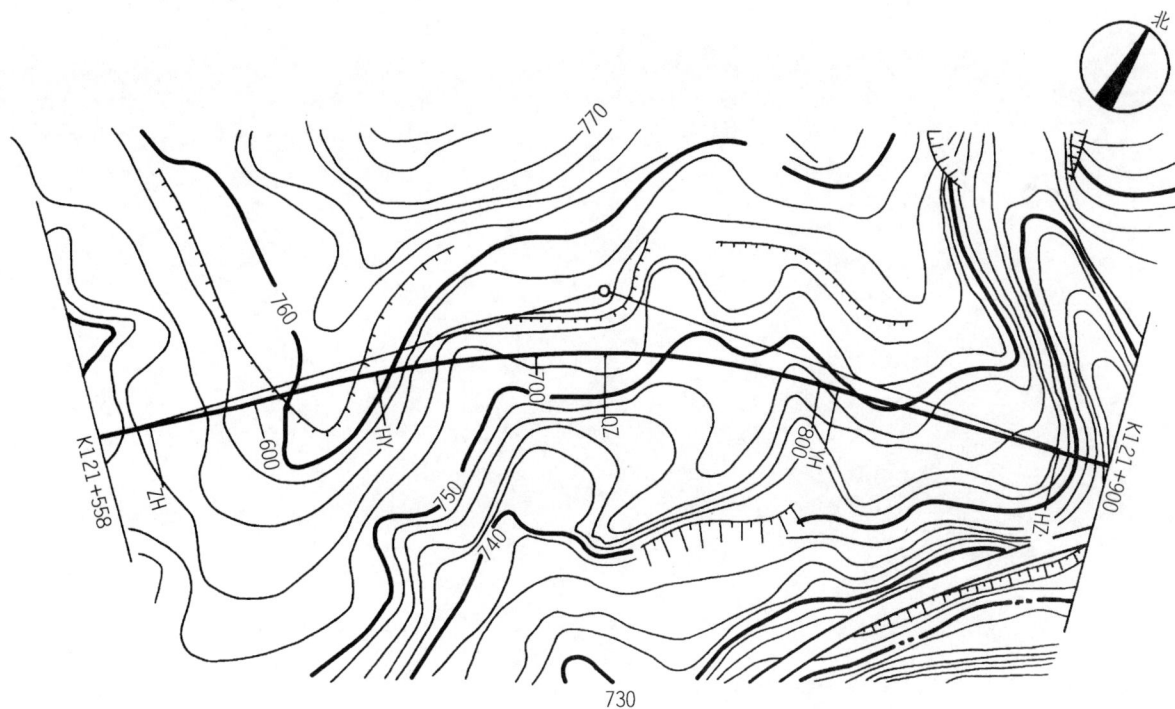

平面图(比例1:200);纵断面图(比例:纵向1:2000,竖向1:400)

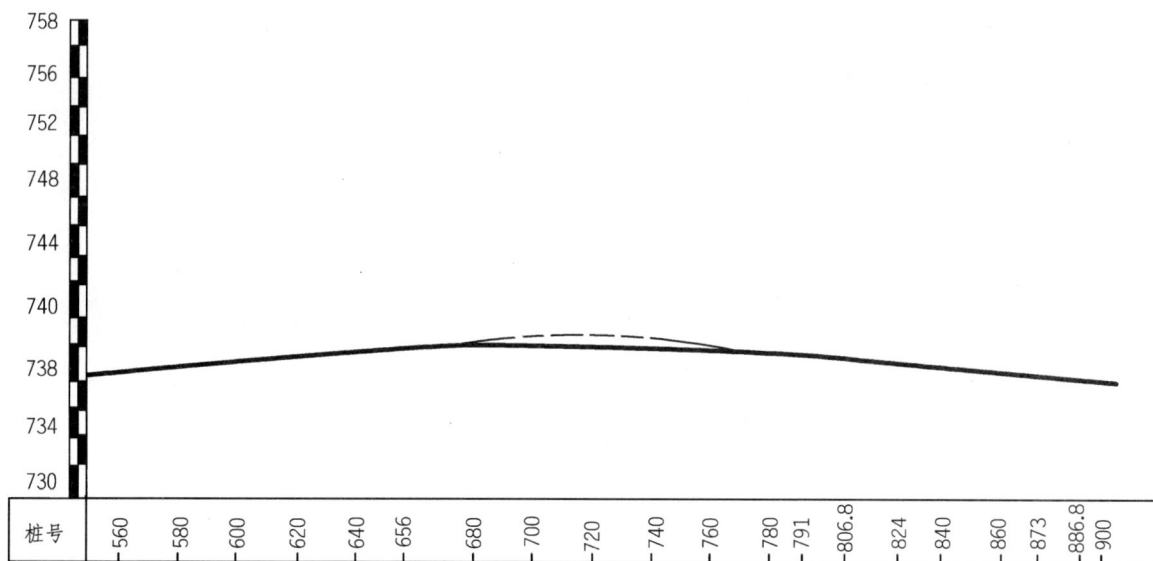

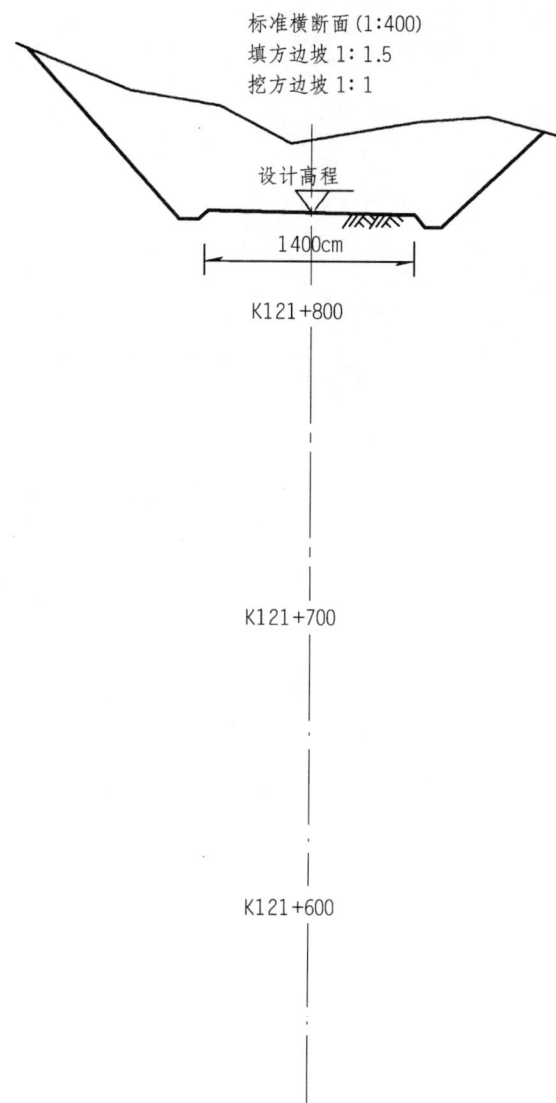

标准横断面(1:400)
填方边坡1:1.5
挖方边坡1:1

设计高程

1400cm

K121+800

K121+700

K121+600

| 758 |
| 756 |
| 752 |
| 748 |
| 744 |
| 740 |
| 738 |
| 734 |
| 730 |

桩号	095	558	600	620	640	656	680	700	720	740	760	780	791	806.8	824	840	860	873	886.8	900

| 第三篇 公路工程图 | 第一章 公路路线工程图 | 专业班级 | 姓 名 | 学 号 | 日 期 | 评 阅 |

3-8 根据已知的道路平面图(部分),求作 *A-A*、*B-B* 两处的道路横断面图(比例1:100)。

已知:*A* 处道路设计高程为 14.00m,*B* 处道路设计高程为 15.80m;填方边坡为 1:1.5,挖方边坡为 1:1。(排水沟省略不画)

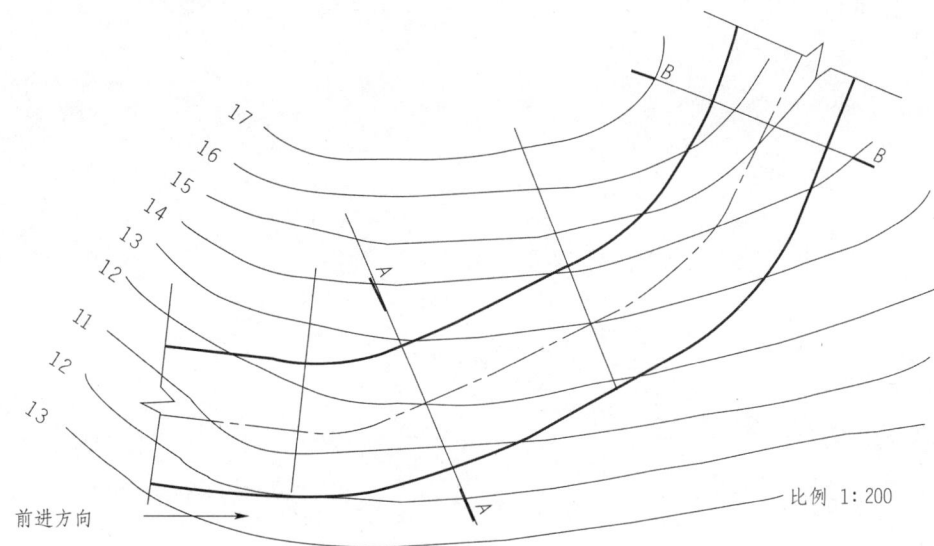

比例 1:200

前进方向

横断面图中的地形画法见下图,Ⅰ-Ⅰ是按路线的前进方向观看的。

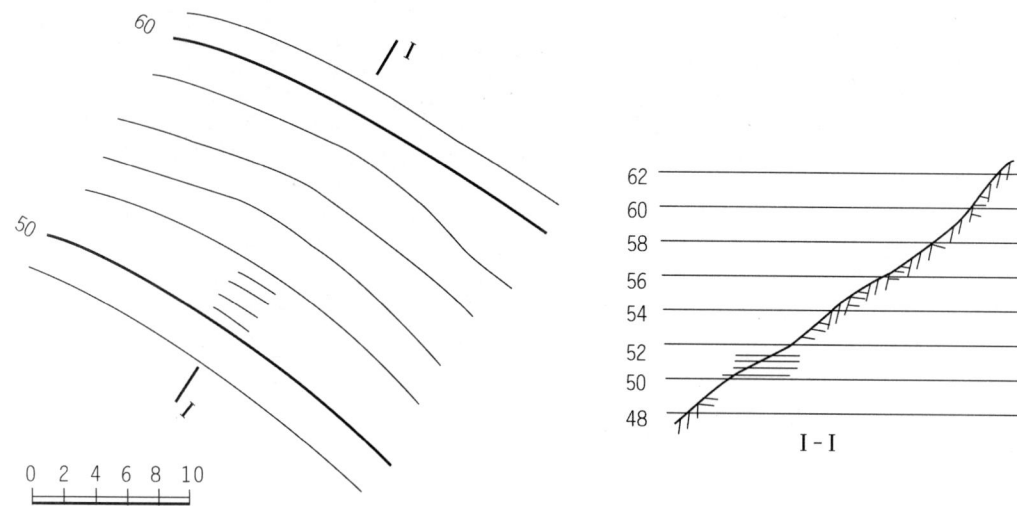

0 2 4 6 8 10

Ⅰ-Ⅰ

为了准确作出50~52等高线之间的地形线,中间可插入一些等高线。

3-9 抄绘八字式单孔石拱涵构造图(比例自定)。

半纵剖面图

洞口正面

横断面

I–I

II–II

半平面图

注:

1.本图尺寸均为厘米。

2.路基宽度B和填土厚度F根据实际确定,其他尺寸可查标准图中的尺寸表。

第三篇 公路工程图	第二章 涵洞工程图	专业班级	姓 名	学 号	日 期	评 阅

3-10 识读某圆管涵施工图并回答问题。

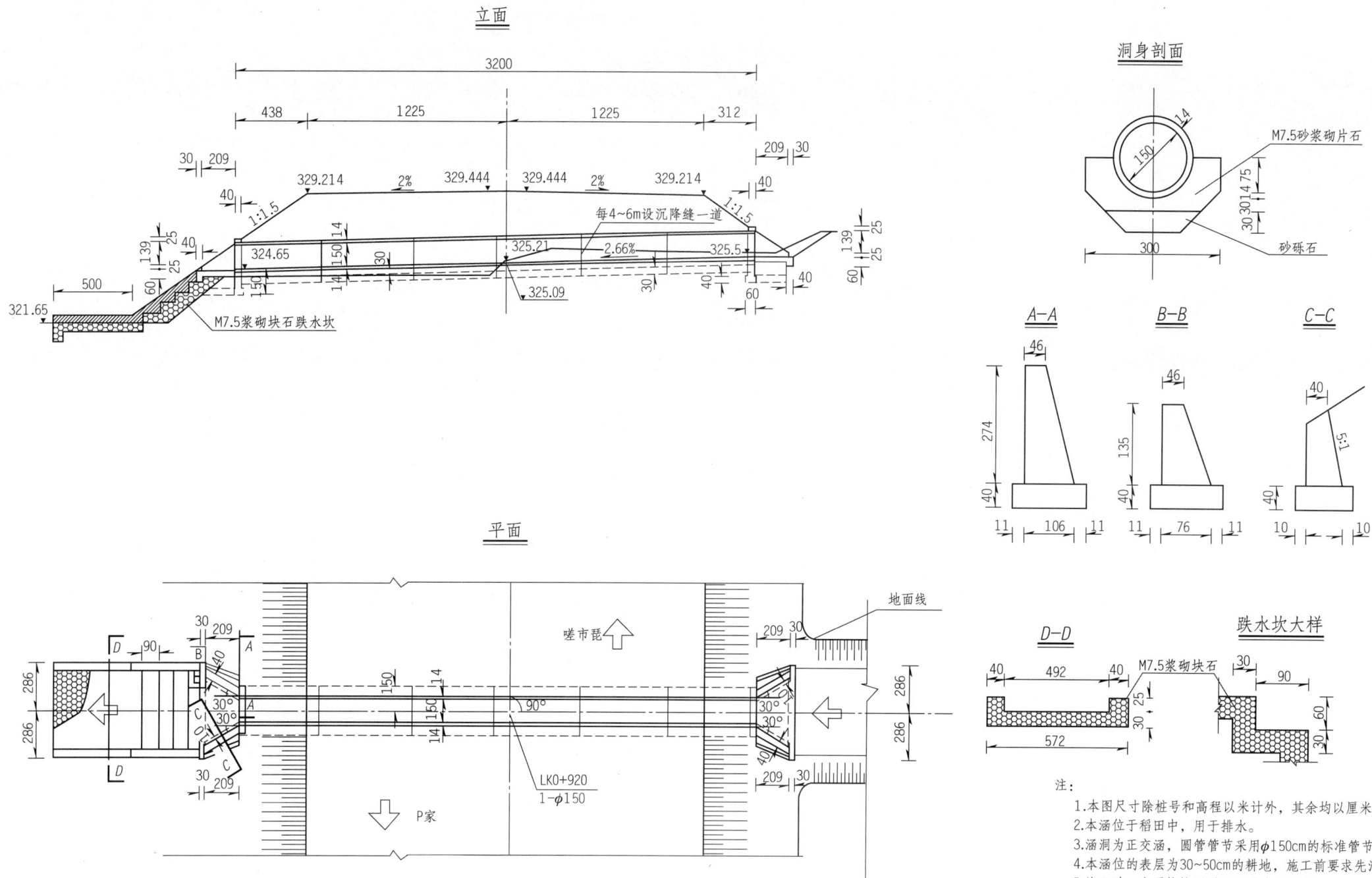

立面

3200

438 1225 1225 312

30 209

329.214 2% 329.444 329.444 2% 329.214

每4~6m设沉降缝一道

1:1.5

30 209 30

40 40

1:1.5

139 25 25

40 40

139 25 25

324.65 325.21 -2.66% 325.5

500 325.09

60 25

30 40

60 40

60

321.65

M7.5浆砌块石跌水坎

洞身剖面

14

150

M7.5砂浆砌片石

30 30 14.75

300

砂砾石

A-A   B-B   C-C

46   46   40

274   135   5:1

40   40   40

11 106 11   11 76 11   10 10

平面

30 209

90 B A

286 40

D C 30° A C 30°

286 C 30° D 30°

30 209

地面线

209 30

286

286

嗟市琵

150 14

150

150

90°

14

LK0+920
1-φ150

P家

D-D   跌水坎大样

40 492 40   M7.5浆砌块石 30 90

30 25   30 60

572

注:
1.本图尺寸除桩号和高程以米计外,其余均以厘米计。
2.本涵位于稻田中,用于排水。
3.涵洞为正交涵,圆管管节采用φ150cm的标准管节。
4.本涵位的表层为30~50cm的耕地,施工前要求先清除。
5.施工时,应严格按照通用图的各项要求。

(1)请问该圆管涵管径是多少?管壁厚度是多少? ＿＿＿＿＿＿＿＿＿＿

(2)该圆管涵是明涵还是暗涵?为什么? ＿＿＿＿＿＿＿＿＿＿

(3)该圆管涵与路中线夹角为＿＿＿＿,所以它是一座＿＿＿＿涵。

(4)该圆管涵涵底纵坡是＿＿＿＿,涵底高程最高处为＿＿＿＿,最低处为＿＿＿＿。

第三篇 公路工程图	第二章 涵洞工程图	专业班级	姓 名	学 号	日 期	评 阅

立面图

I—I 断面

净距 3.9

净距 4.9

19 19 19 2N5

1N1 2N2 2N3 3N4

75

6 19 3.7 23×30=690 19 6

740

160

80

5 5

18

75

5

4.4 4×5.3 4.4

30

2	1	2
4	3	4	3	4

钢筋成型图

33

85

60

1φ22 ①
526

266/2 60

33

85

60

2φ22 ②
708

448/2 60

13

70

45

3φ22 ③
892

610/2

65

3φ22 ④
881

725/2

2φ12 ⑤
745

730/2

⑥ 24φ22
198@30

26

74 76

24

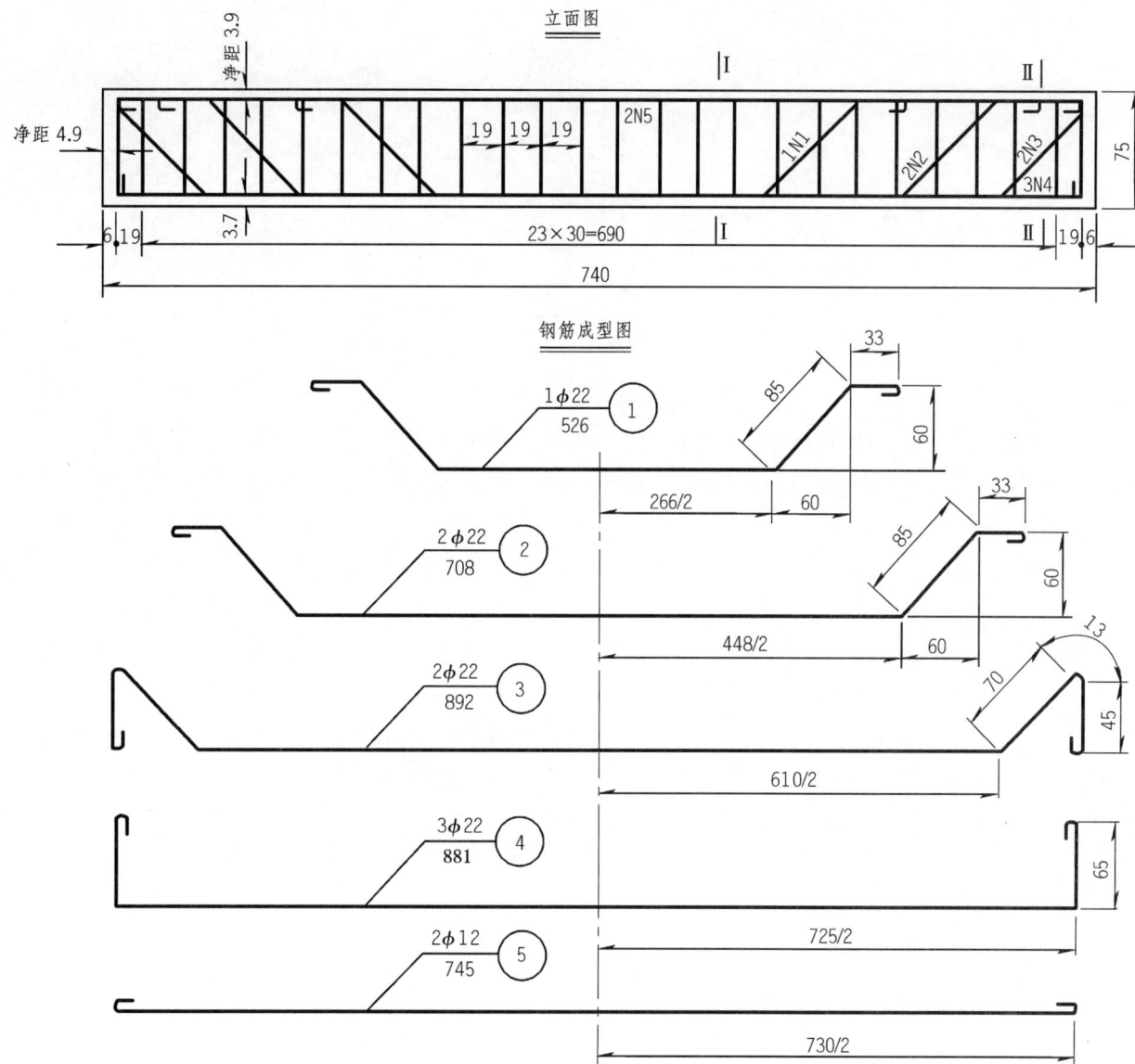

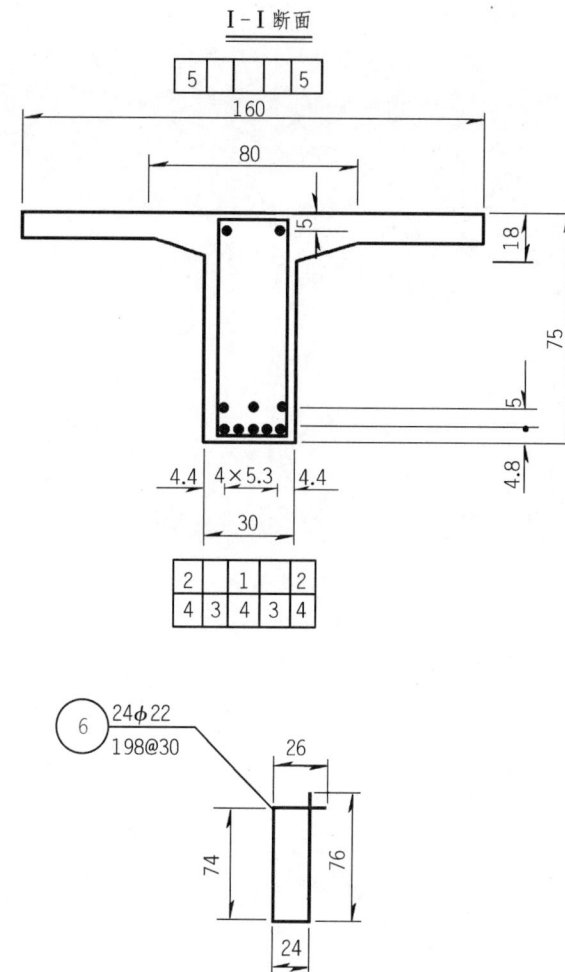

注:本图尺寸均以厘米为单位。

(1)钢筋弯钩的形式有_____、_____、_____三种。

(2)立面图中的 2N5 表示_____。

(3)用文字说明⑥$\dfrac{24\phi22}{198@30}$:⑥表示_____;24φ22 表示_____;198@30 表示_____。

(4)在钢筋结构图中,钢筋直径尺寸以_____为单位,高程以_____为单位,其余尺寸均以_____为单位。

(5)按钢筋在构件中的作用不同可分为:受力钢筋、_____、_____、_____、_____。

第三篇 公路工程图	第三章 桥梁工程图	专业班级	姓 名	学 号	日 期	评 阅

3-12 抄绘某桥桥位平面图(比例自定)。

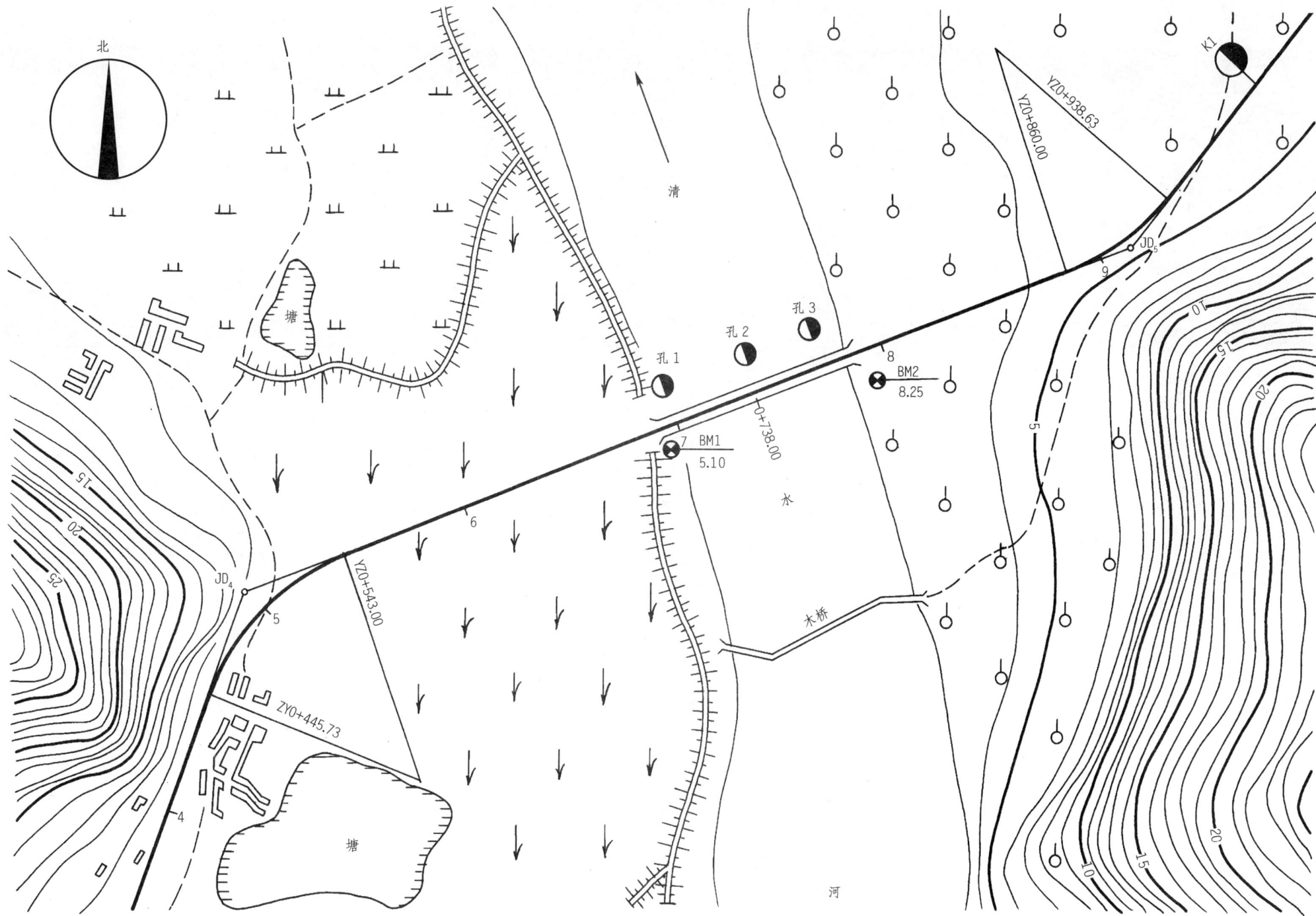

北

清

塘

孔 1   孔 2   孔 3

8
BM2
8.25

7 BM1
5.10

水

木桥

河

塘

YZ0+938.63

YZ0+860.00

JD₅

9

K1

0+738.00

6

JD₄

YZ0+543.00

5

ZY0+445.73

4

3-13　抄绘钢筋混凝土空心板梁图(比例自定)。

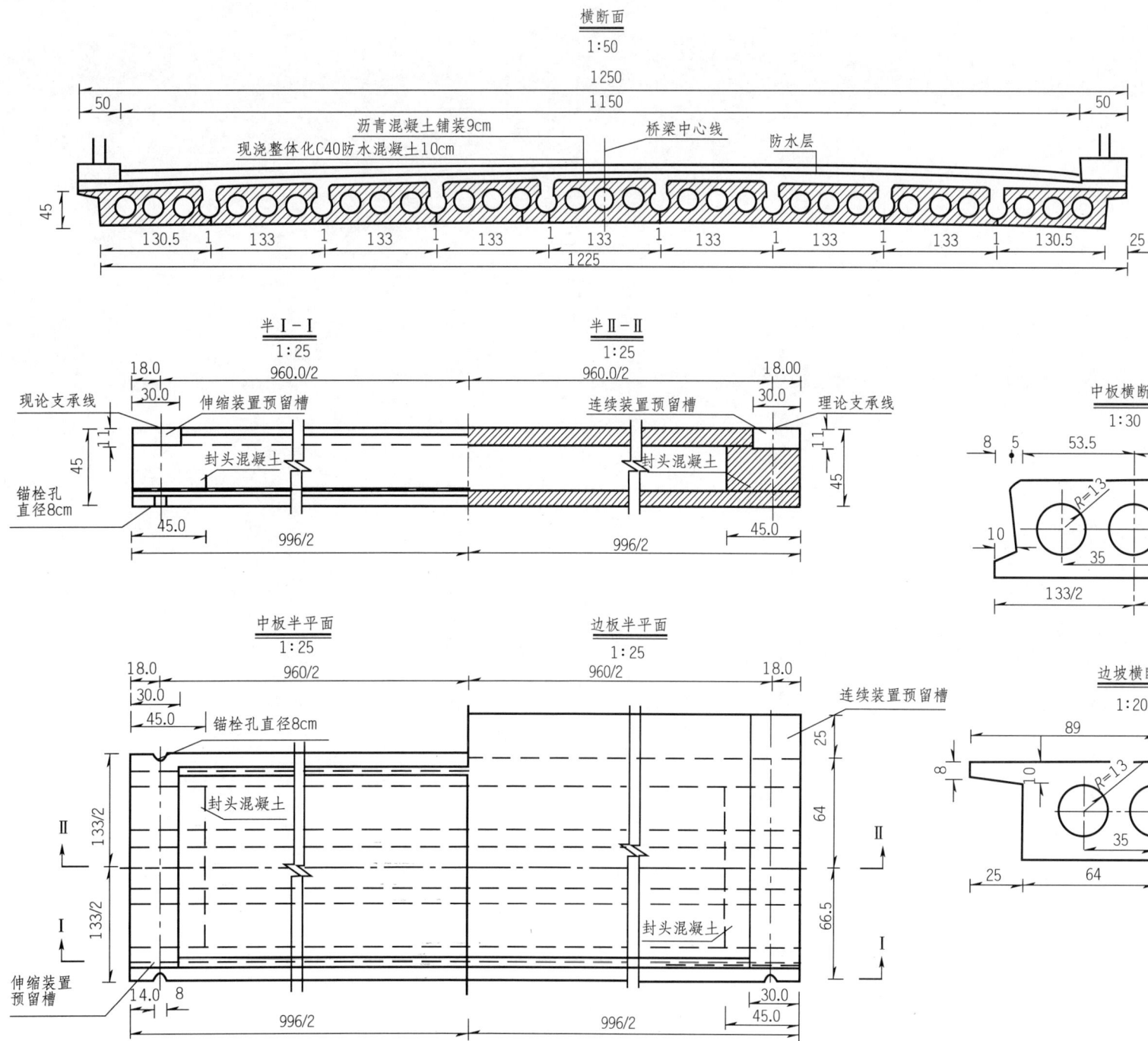

横断面
1:50

1250
1150
50　　　50

沥青混凝土铺装9cm
现浇整体化C40防水混凝土10cm
桥梁中心线
防水层

45

130.5　133　133　133　133　133　133　130.5　25
1225

工程数量表

项　　目		数量
预制C30混凝土(m³)	中板	3.659
	边板	4.077
	一孔桥	33.767
铰缝C30混凝土(m³)	每道缝	0.691
	一孔桥	5.528
封头C30混凝土(m³)	一块板	0.143
	一孔桥	1.287
现浇整体化C40防水混凝土(m³)		12.450
沥青混凝土铺装(m³)		10.309
防水层(m²)		114.54

半 I - I
1:25
18.0
960.0/2
30.0
现论支承线
伸缩装置预留槽
封头混凝土
锚栓孔直径8cm
45
45.0　996/2

半 II - II
1:25
960.0/2
18.00
30.0
连续装置预留槽
理论支承线
封头混凝土
45
996/2　45.0

中板横断面
1:30
8　5　53.5　53.5　5　8
R=13
10　35　35　10
28　5
22.5
4
8
133/2　133/2

安装质量表

项目	质量(t)
中板	9.513
边板	10.600

中板半平面
1:25
18.0
960/2
30.0
45.0
锚栓孔直径8cm
封头混凝土
133/2
133/2
II
I
伸缩装置预留槽
14.0　8
996/2

边板半平面
1:25
960/2
18.0
连续装置预留槽
25
64
66.5
封头混凝土
II
I
996/2
30.0
45.0

边坡横断面
1:20
8　89　53.5　5　8
10　R=13
35　35
28　5
22.5
4
8
25　64　66.5

铰缝大样
1:10
5　17　5
5
28
45
4
8
21

注:
1. 本图尺寸均以厘米计。
2. 图中护栏仅为示意,详见相应构造图。

作 业 指 导 书

作 业 一 指 导 书

一、目的

1. 正确使用制图工具和仪器。

2. 练习线型画法、材料图例画法及字体写法等。

3. 掌握制图基本规格。

4. 学习几何作图的要领。

二、内容与要求

1. 根据附图由教师指定题号作图。

2. 用 A3 图纸横放。

3. 比例:拱顶 1:20,桥头梨形坝 1:10,卵形涵洞 1:2,立交桥 2:1。

三、绘图步骤

1. 画边框线和标题栏。

按《道路工程制图标准》(GB 50162—92)A3 图幅要求绘出图框线。标题栏按本页所示绘制:"标题"栏高 10mm,"校名"栏宽 66mm,"专业、班级、学号"栏宽 60mm,"图名"栏宽 85mm,"图号"栏宽 (15 + 20)mm,"比例"栏宽(15 + 20)mm,"制图"栏宽(15 + 20)mm,"评阅"栏宽(15 + 20)mm。

2. 在图纸的有效幅面内布图、定位,画出基准线。

3. 画图形底稿。

画底稿务必轻、细、淡,以修改不留痕迹为度。

4. 检查底稿,用铅笔、圆规、曲线板加深图线。

为保证图面整洁,必须按一定顺序加深,画水平线先上后下,画竖直线先左后右。尽量做到同一方向图线一次加深,同一类线型一次加深。一般先加深曲线再加深直线,以保证图线的光滑。为保证作图质量,一定要勤修铅笔。

5. 标注尺寸。

参见《道路工程制图(第 4 版)》有关内容。

6. 书写汉字,填写标题栏。

7. 整理裁边。

将加深后的图纸再次进行检查校核、整理图面。按图幅装订边尺寸要求将图边裁整齐。

四、制图作业评分标准

图形正确:40 分;布图合理:10 分;图线规范:10 分;字体规范:20 分;尺寸标注正确:10 分;图面整洁:10 分。

"校名"栏	"专业、班级、学号"栏	"图名"栏	图 号	比 例	制 图	日 期	评 阅	

作业 1-1

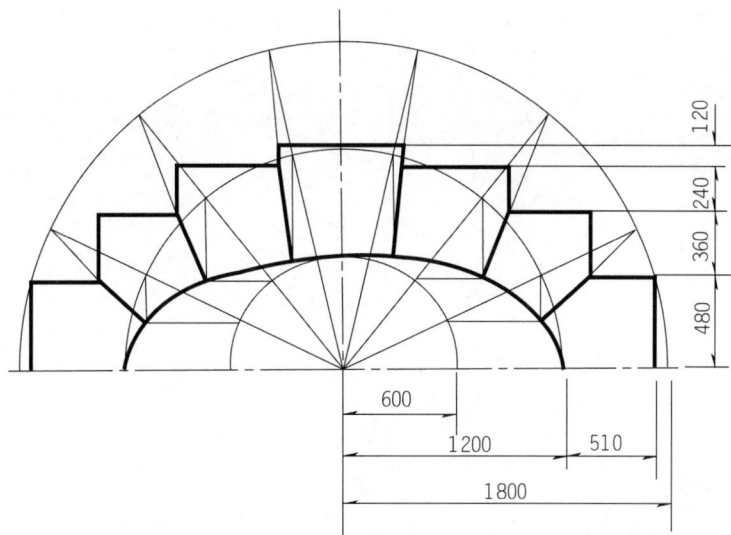

拱顶1∶200

作业 1-2

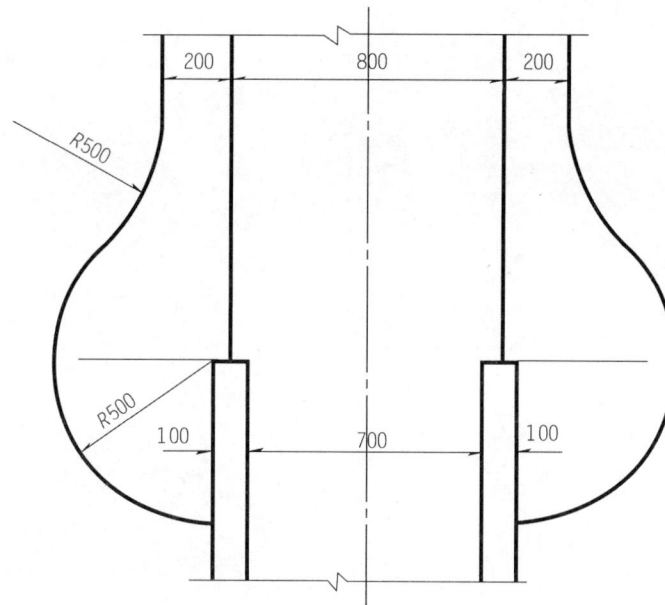

桥头梨形坝1∶100

作业 1-3

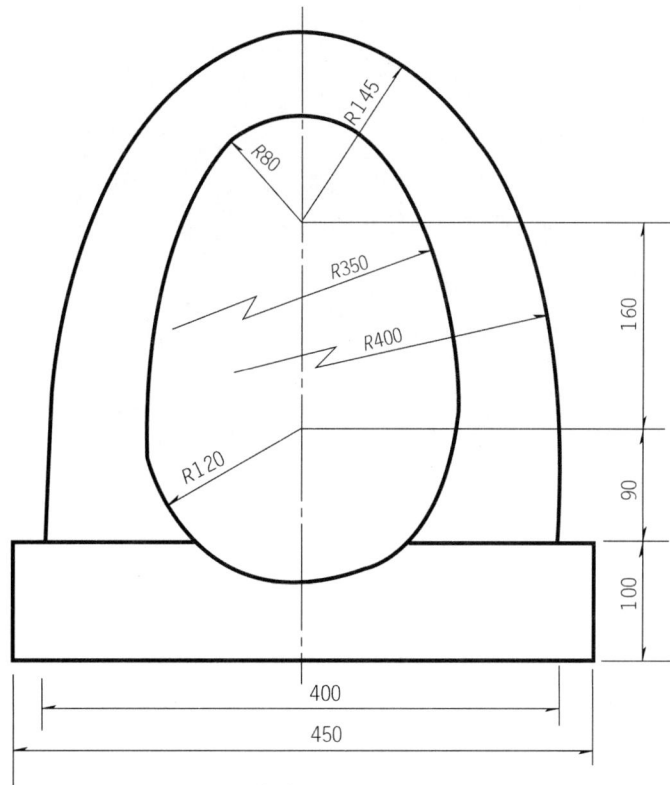

卵形涵洞1∶40

作业 1-4

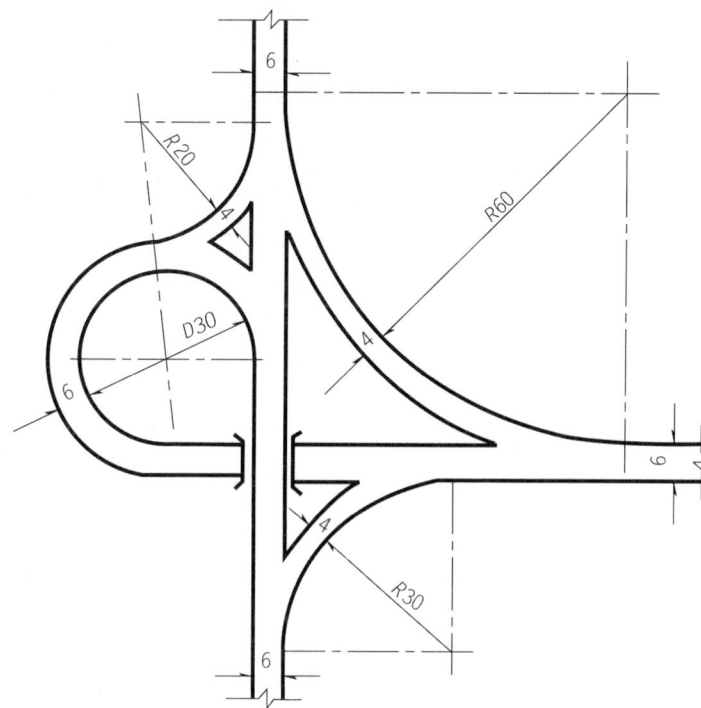

立交桥1∶100

"校名"栏	"专业、班级、学号"栏	"图名"栏 图 号	比 例	制 图	日 期	评 阅

43

作业二指导书

作业 2-1

作业 2-2

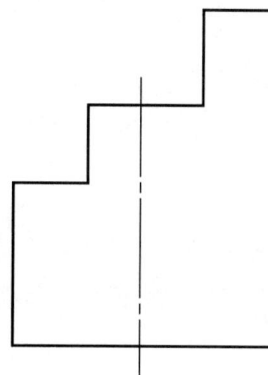

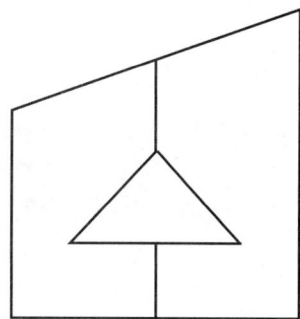

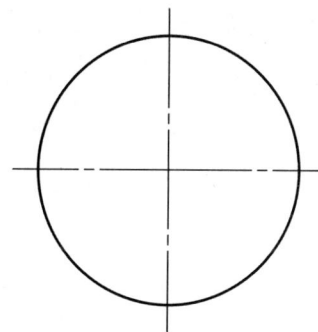

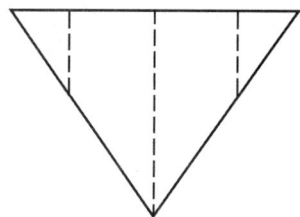

一、目的

1. 掌握基本体轴测投影的绘制方法。

2. 熟悉截交的形成。

二、内容与要求

1. 根据投影图完成立体的正等轴测投影图。

2. 用 A4 图纸横放。

三、绘图步骤

1. 根据正等轴测图的要求,建立坐标系。

2. 画底图。

(1)画出完整基本体的轴测图。

(2)找截交点。

(3)擦去被切割的部分及多余作图线和轴测轴。

3. 检查底稿,加深图线。

4. 填写标题栏。

四、注意事项

1. 找截交点时,不在立体棱廓线上的点一般要用坐标找点。

2. 同一棱面的点才能连线。

3. 画曲面立体的截交线,应先判定截交线的类型,再确定截平面的位置,然后完成截交线。

五、图例

图例如作业 2-1 和作业 2-2 图所示。

"校名"栏	"专业、班级、学号"栏	"图名"栏	图 号	比 例		制 图		日 期		评 阅	

作 业 三 指 导 书

一、目的

1. 掌握根据轴测图画组合体三面投影的方法,提高绘图技能。

2. 掌握组合体三面投影图的尺寸标注方法。

二、内容与要求

1. 根据轴测图画组合体的三面投影图,并标注尺寸。

2. 用 A3 图纸横放。

3. 由教师指定题目和比例。

4. 线型、字体、布图同前面作业。

三、绘图步骤

1. 运用形体分析法搞清所画组合体的组成部分以及各组成部分之间的相对位置和组成关系。

2. 选取正面投影方向。

3. 画底稿。

4. 检查底稿,修正错误,擦去多余作图线。

5. 按要求加深图线。

6. 标注尺寸,填写标题栏。

四、注意事项

1. 布图时,要留出标注尺寸的位置。

2. 必须运用形体分析法,按三类尺寸的要求标注尺寸。

五、图例(见本页右侧)

作业 3-1

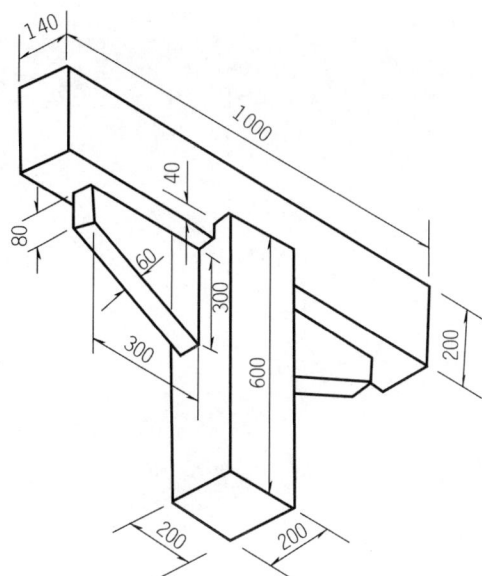

作业 3-2

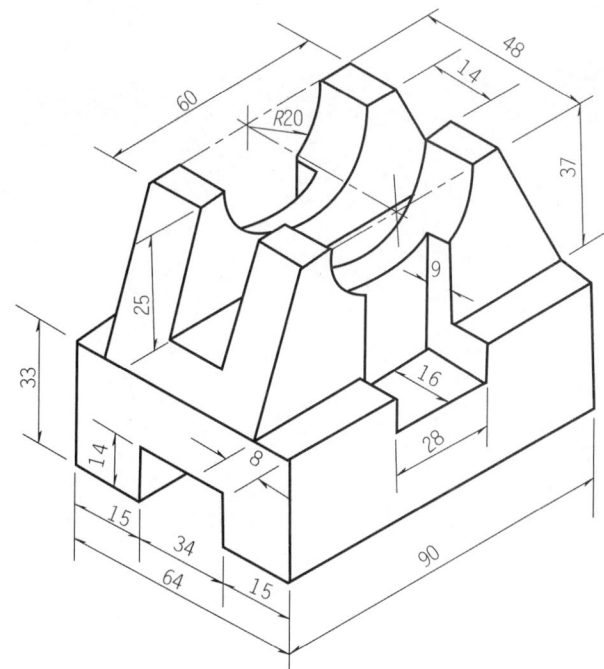

作业 3-3

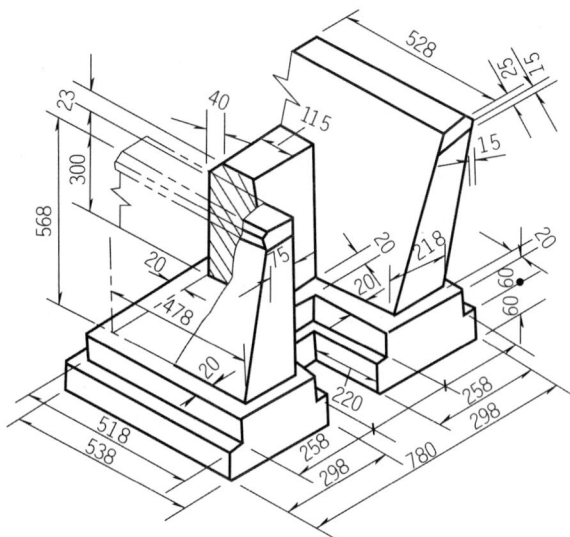

作业 3-4

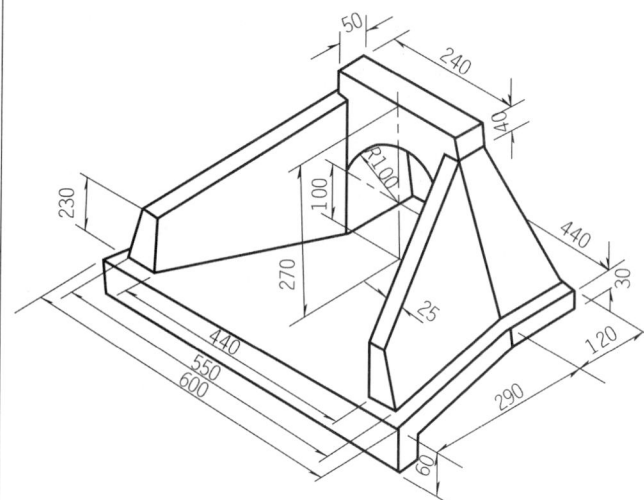

"校名"栏	"专业、班级、学号"栏	"图名"栏	图 号	比 例	制 图	日 期	评 阅

作 业 四 指 导 书

一、目的

学习和熟悉组合体剖面图的应用和画法。

二、内容

1. 作业 4-1:沉井工程图。

按作业 4-1 图中尺寸抄绘平面图,并将立面图和侧面图改画为适当的剖面图。

2. 作业 4-2:行车道板。

按作业 4-2 图中尺寸将行车道板三面投影图改画为适当的剖面图。

3. 作业 4-3:窨井工程图。

按作业 4-3 图中尺寸将窨井的三面投影图改画为适当的剖面图。

4. 作业 4-4:桥台工程图。

按作业 4-4 图中尺寸抄绘桥台平面图,将立面图改画为 1/2 台前立面图和 1/2 台后立面图的合成图,将侧面图改画为全剖面图。

三、要求

1. 学生根据教师的要求选题,可加画相应形体的轴测剖切图。

2. 比例、图幅自选。

3. 轴测图按投影图以 1:1 的比例绘制。

4. 剖面图上,当所用材料已知时,要画出材料图例,否则画剖面线。

5. 要求读懂各分题构件的投影图,再按形体特征选择恰当的剖面图,并进行试画,检查无误后,再正式布图绘制;各构件画法可参阅《道路工程制图(第 4 版)》有关内容。

6. 画轴测剖切图时,应先在稿纸上作出轮廓底图,以确定所占图幅大小,进行合理布图,注意轴测剖切图上剖面线的正确画法。

作业 4-1

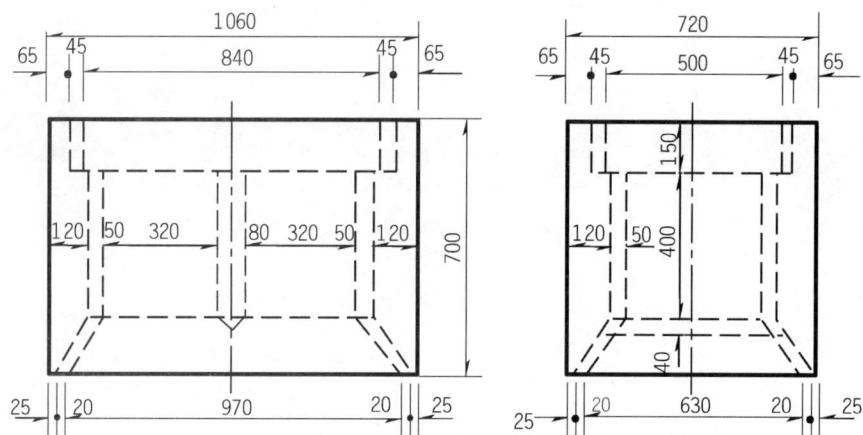

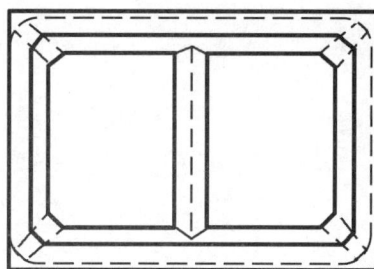

作业 4-2

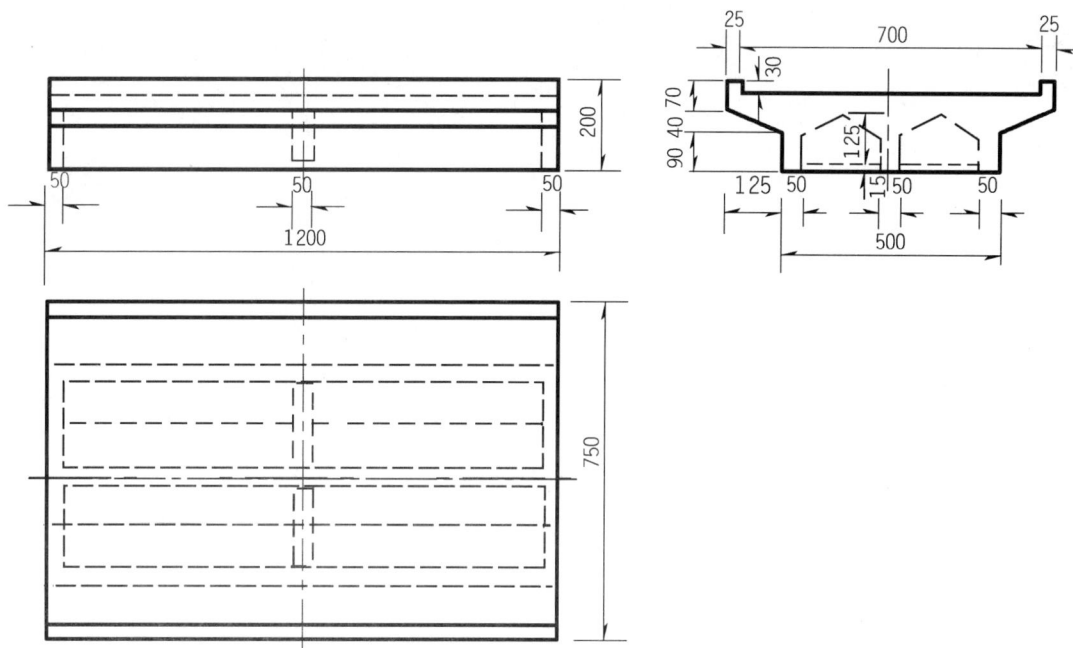

"校名"栏	"专业、班级、学号"栏	"图名"栏	图 号	比 例	制 图	日 期	评 阅	

作业 4-3

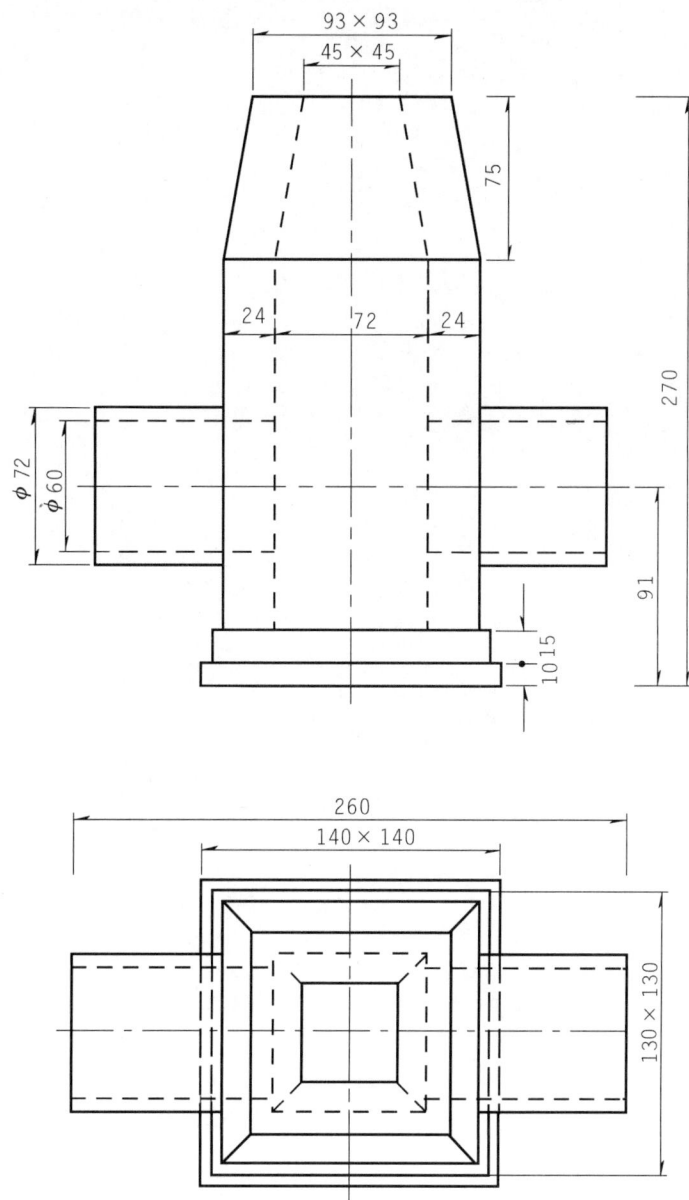

作业 4-4

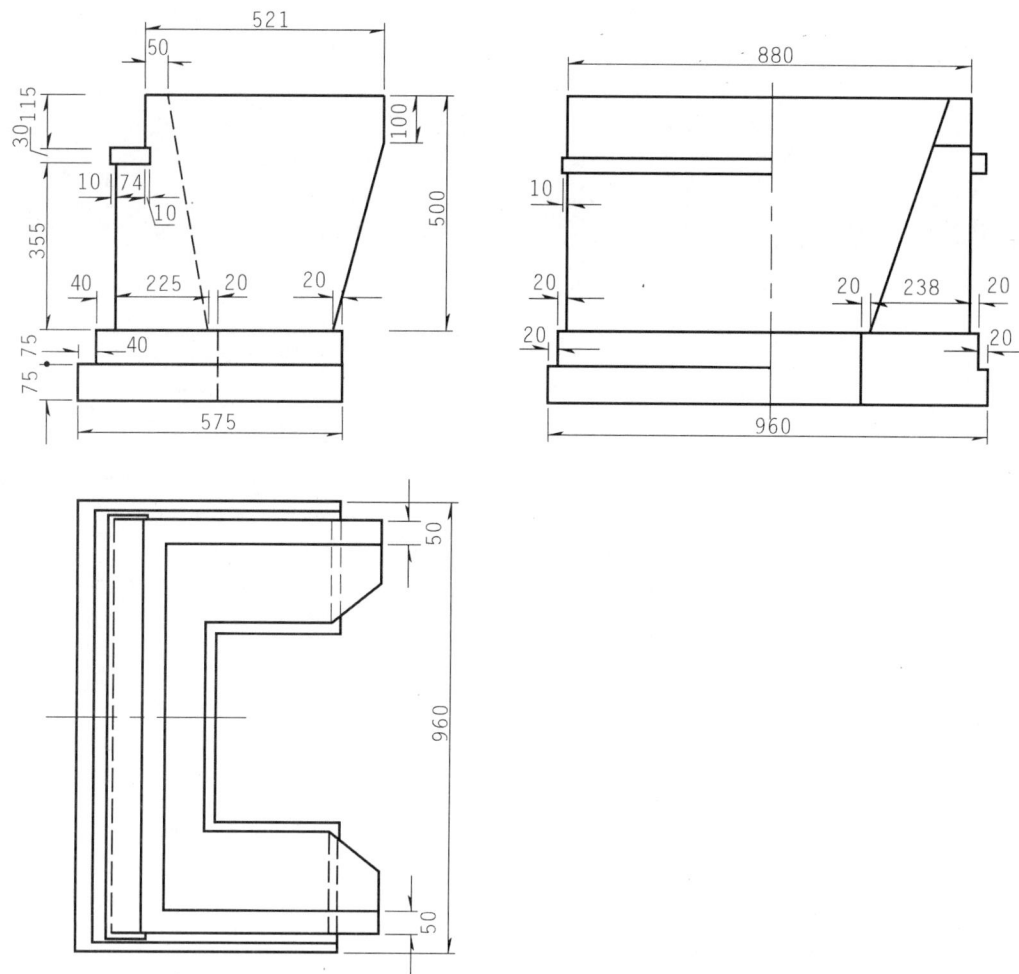

一、目的

1. 熟悉一般涵洞工程图的内容和要求。

2. 能正确使用涵洞标准图。

3. 掌握绘制涵洞工程图的方法和步骤。

二、内容

1. 抄绘教材图 3-2-3 所示的钢筋混凝土盖板涵构造图。

2. 抄绘教材图 3-2-7 所示钢筋混凝土圆管涵端墙式单孔构造图。

三、要求

1. 图幅：A3 幅面。

2. 比例：1∶40～1∶50 或自选。

3. 图名：

(1) 钢筋混凝土盖板涵构造图。

(2) 钢筋混凝土圆管涵端墙式单孔构造图。

4. 图线：用铅笔或墨线笔绘制，线宽：粗∶中粗线∶细线 $=b$∶$0.5b$∶$0.25b$。粗实线宽采用 $b=0.7$mm。剖切到的轮廓线用粗线，可见轮廓线用中粗线，尺寸线、剖面线、示坡线等均用细实线。

5. 字体：汉字要写长仿宋字，图中图名用 7 号字，其他用 5 号字，比例、尺寸数字、字母用 3.5 号或 2.5 号字。

6. 钢筋混凝土盖板涵构造图。

(1) 将涵洞进出水口的八字翼墙改画成锥形护坡。

锥形护坡应按椭圆长短轴半径画 1/4 椭圆弧段，并加画示坡线；1/4 椭圆弧段用粗线，示坡线用长短相间的细实线画出；浆砌块石符号仅画局部即可。

(2) 将洞口立面图改画成 1/2 洞口图和 1/2 洞身断面图，省略 Ⅲ-Ⅲ 断面图。钢筋混凝土圆管涵端墙式单孔构造图，将涵洞口进出水口的锥形坡改画成八字翼墙。

四、说明

1. 画图前要仔细读懂所绘视图，掌握所绘构造物的构件及投影特性，确定画图步骤。

2. 暗涵的涵顶填土厚度应大于 50cm，作图时，可根据涵顶高程与路基顶面高程差值确定，并按比例画出即可。

3. 涵底流水纵坡可简化作图，采用水平线画出，但必须标注出涵底流水纵坡值，如 2%。

4. 对于剖面图，应在剖切部位画出剖面线或断面材料图例。

5. 绘图步骤如下：

(1) 根据比例布置各图的位置。

(2) 画各图的基准线，高低方向基准线可选择在涵底高程处，长度方向以涵洞纵向对称线为基准线，平面图以涵洞中心线为基准线。

(3) 用削尖的 2H 铅笔轻轻画出各主要构件的轮廓线。

(4) 检查正确后，用 2B 铅笔加深图线；最后标注尺寸，注写必要说明等。

一、目的

1. 学习钢筋混凝土结构图的内容、要求和画法特点。

2. 掌握绘制钢筋混凝土结构图的方法和步骤。

3. 能正确使用涵洞标准图。

二、内容

抄绘教材图 3-3-13 所示的钢筋混凝土梁的钢筋结构图。

三、要求

1. 图幅：A3 幅面。

2. 比例：1∶30～1∶50 或自选，断面图可用 1∶20。

3. 图名：钢筋混凝土梁的钢筋结构图。

4. 图线：用铅笔或墨线笔绘制，线宽：粗∶中粗线∶细线 $=b$∶$0.5b$∶$0.25b$。粗实线宽采用 $b=0.7$mm。主要受力筋用粗实线，分布筋用中粗线，构件外轮廓线、尺寸线等均用细实线。

5. 字体：汉字要写长仿宋字，图名用 7 号字，其他用 5 号字，比例、尺寸数字、字母用 3.5 号或 2.5 号字。

四、说明

1. 画图前要仔细读懂所绘视图，掌握所绘构造物的构件及投影特性，确定画图步骤。

2. 钢筋保护层厚度很小，所以钢筋净距、钢筋弯钩等均采用夸大的方式画出，以清楚为度。

3. 钢筋的弯起角度均为 45°。

4. 钢筋混凝土梁结构的绘图步骤如下：

(1) 根据比例布置三视图的位置。

(2) 画各图的基准线。

(3) 用削尖的 2H 铅笔轻轻画出各钢筋、外形的轮廓线。

(4) 检查正确无遗漏后，用 2B 铅笔加深图线。

(5) 最后标注尺寸，注写必要说明等。

"校名"栏	"专业、班级、学号"栏	"图名"栏	图 号	比 例	制 图	日 期	评 阅

作 业 七 指 导 书

一、目的
1. 熟悉一般桥梁工程图的内容和要求。
2. 掌握绘制桥梁工程图的方法和步骤。
3. 能正确使用桥梁标准图。

二、内容
1. 抄绘教材图 3-3-18 所示的钢筋混凝土空心板梁桥总体布置图。
2. 抄绘教材图 3-3-30 所示的钢筋混凝土 T 形梁桥总体布置图。

三、要求
1. 图幅:A2 幅面。
2. 比例:自选或选 1:50。
3. 图名:
(1) 钢筋混凝土空心板梁桥总体布置图。
(2) 钢筋混凝土 T 形梁桥总体布置图。
4. 图线:用铅笔或墨线笔绘制,线宽:粗线:中粗线:细线 $= b:0.5b:0.25b$。粗实线宽采用 $b = 0.7mm$。剖切到的轮廓线用粗线,可见轮廓线用中粗线,尺寸线、剖面线、示坡线等均用细实线。
5. 字体:汉字要写长仿宋字,图中图名用 7 号字,其他用 5 号字,比例、尺寸数字、字母用 3.5 号或 2.5 号字。

四、说明
1. 画图前要仔细读懂所绘视图,掌握所绘构造物的构件及投影特性。
2. 桥梁总体布置图的绘图步骤如下:
(1) 根据比例布置各图的位置。
(2) 画各图的基准线,其中立面图和侧面图以桥面线为高度方向基准线,长度方向以桥纵向对称线为基准线,平面图以桥中心线为基准线,如作业7-1图所示。
(3) 用削尖的 2H 铅笔轻轻画各主要构件的轮廓线。
(4) 画细部线条,不清楚的地方可参阅《道路工程制图(第 4 版)》相关图例。
(5) 检查正确后,用 2B 铅笔加深图线。
(6) 最后标注尺寸,注写必要说明等。

作业 7-1

桥梁总体布置图绘图的基准线如下图所示。

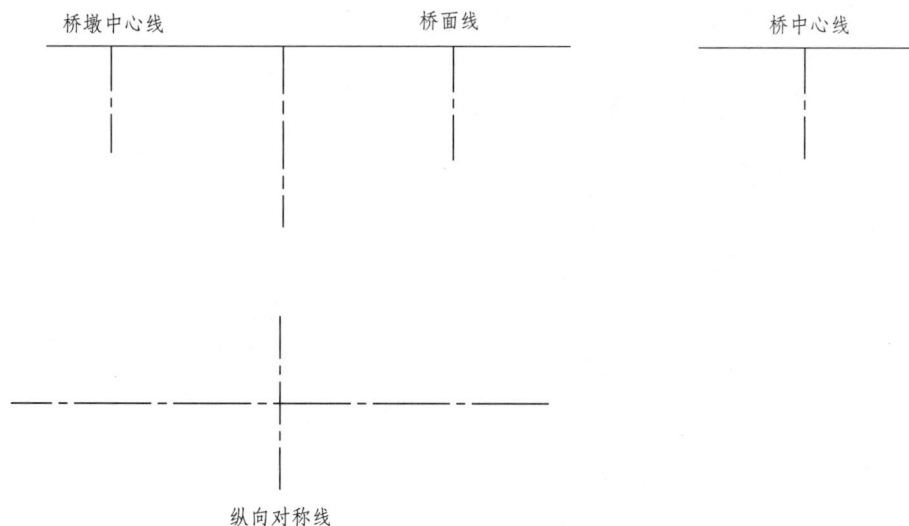

桥墩中心线　　　桥面线　　　桥中心线

纵向对称线

参 考 文 献

[1] 邬琦姝,曹雪梅.建筑工程制图习题集[M].北京:中国水利水电出版社,2008.

[2] 何铭新.建筑工程制图习题集[M].北京:高等教育出版社,2004.

[3] 白丽红.建筑工程制图与识图习题集[M].北京:北京大学出版社,2009.

[4] 曹雪梅.道路工程制图与识图习题集[M].重庆:重庆大学出版社,2006.

[5] 曹雪梅.道路工程制图习题集[M].3 版.北京:人民交通出版社,2012.

[6] 王子茹,贾艾晨.画法几何及工程制图习题集[M].北京:人民交通出版社,2001.